二宮祐子

保育実践への
ナラティヴ・
アプローチ

保育者の
専門性を見いだす
4つの方法

新曜社

はじめに

　保育の現場は、ナラティヴに満ちている。

　園のなかでは、川の流れのように、ナラティヴが絶え間なく交わされ、響きあっている。

　子どもたちのおしゃべり。絵本をよみきかせる声。ごっこあそび。
　お迎えにきたおとなたちの立ち話。
　おたよりや連絡帳の束。

　そのうち、こうした情景を見慣れてしまうと、細部を見落としたり、その背景にまで思い至らなくなったりする。紡ぎだされた物語の数々も、やがて、時とともに流れ去っていく。

　私は、その豊饒さや精巧さに感嘆しつつ、つぶさに書きしるしたいという思いから離れられなかった。ナラティヴ・アプローチに出会ったとき、これを使えば、一つひとつ掬い上げることができる、と直感したのである。

*

　ナラティヴとは「語り」という行為と紡ぎだされた「物語」の両方をさし、ナラティヴ・アプローチでは、ナラティヴの二面性をいかしながら事象にせまっていく。本書では保育実践現場で紡ぎだされたナラティヴを対象とし、ナラティヴ・アプローチの分析手法を、園の日常生活を支えている保育者たちのもつ専門性の解明のために用いている。

　言うまでもなく、保育者の専門性はナラティヴに集約されるものではなく、多岐にわたる。しかし、言葉の一種であるナラティヴに焦点を絞ることで、現れては消えていく現実（reality）の一端が手に取れるようになる。

　本書で注目するのは、保育者と保護者がやりとりした連絡帳（第2章）、保育者が作成したクラスだより（第3章）、子どもと保育者のおしゃべり（第4章）、年長児クラスでの劇づくり（第5章）である。研究方法論としてのナラティヴ・アプローチ

については、社会学における先行研究を中心に、第1章に記載した。また、ナラティヴ・アプローチを通して見えてきた事柄について終章にまとめた。

　ナラティヴ・アプローチは、保育の現場実践に興味関心のある読者にとっては、カウンセリングやドキュメンテーションなどの技法としての印象が強く、データ分析の手法としては聞き慣れないものかもしれない。研究方法論としてのナラティヴ・アプローチをよく知っている読者であれば、保育実践を題材とすることに、ものめずらしさを覚えるのかもしれない。

　本書におさめた調査と論考は、筆者の学位論文を土台としているが、保育実践への興味でも、研究方法論への関心でも、どちらの観点からも読んでいただけるよう、大幅に書き直した。それぞれの関心に応じて読んでいただき、忌憚のないご意見やご批判を仰ぎたい。

目　次

装幀＝臼井新太郎

序 章
保育者の専門性の
可視化に向けて

1 保育者の専門性と保育の質

（1）保育士の専門性をとりまく情勢

　保育士の専門性について、表舞台で議論されるようになってから約20年がたつ[1]。2003年に、長年にわたる悲願であった国家資格となり、保母から保育士へと名称をかえた。並行して、国レベルでの資格試験の実施や倫理綱領の制定など、制度的基盤の整備が進められたことにより、実践内容をふまえつつ、保育者に必要な専門的知識や技術について議論をスタートさせるための土壌が、ようやくととのえられた。

　現在、保育所の保育士に求められる専門性として、①発達の援助、②生活の援助、③保育の環境構成、④遊びの保障と発展、⑤仲間関係や親子関係の調整、⑥家庭支援が、『保育所保育指針解説書』において列挙されている（厚生労働省 2018: 17）。保育者は、日々、最新の専門的な知識および技術を習得し、巧みに使いこなしていく努力を積みかさねることで、専門性が発揮され、保育の質（後述）の向上につながるものと想定されている。

　一方、保育者の専門性のあり方は、保育政策からも多大な影響を受けてきた。近年、共働き家庭の増加や幼児教育の無償化などにより、保育需要が高まったものの、これを担う人材育成が追いついておらず、保育の質の低下を懸念する声が根強く存在している。保育者の確保と並行して、公的なカリキュラムに基づく研修制度の整備が進められ、専門的知識や技術の習得を保障する政策が推進されている（厚生労働省 2020）。

1　専門職論においては、専門職（profession）の制度的要件（Flexner 1915, 石村 1969）ないし、自律性（autonomy）（Parsons 1951=1974）等について検討されることが多いが、研究対象を保育者とした場合、こうした議論が活発になされたとはいいがたい（田中 1980, 天野 1975）。

(2)「保育の質」を構成する要素

　厚生労働省が主催した「保育所等における保育の質の確保・向上に関する検討会」は、保育の質を、「社会・文化における保育の機能や方向性の捉え方等に依拠するとともに、保育所の職員、組織、自治体、国の仕組みや取り組みが相互に連動し、多様な要素が関わって成り立つもの」と位置づけた（保育所等における保育の質の確保・向上に関する検討会 2018: 5）。そして、「多元的なものであり、一義的に捉えるのは難し」いことから（同書: 6）、各国の保育理念や価値観だけでなく、社会全体の構造や趨勢も考慮しながら包括的に捉える必要があると述べ、「保育所保育の質を捉えるイメージ図」（図0-1）としてまとめた。

　文部科学省でも「幼児教育の実践の質向上に関する検討会」において議論されたものの、保育の質そのものについての定義は、厚生労働省の検討会と同様に、明示されていない。その理由として、「トップダウンではない、保育の質向上の議論の喚起のために」、あえて保育の質について厳密に定義しない選択を行ったことが述べられている（汐見 2019）。

　諸外国に目を転じた場合でも共通して、保育の質を把握することの難しさが指摘

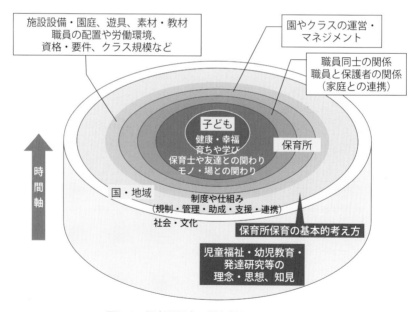

図0-1　保育所保育の質を捉えるイメージ図
（保育所等における保育の質の確保・向上に関する検討会 2020: 7）

表0-1　保育の質の諸側面（諸外国における保育の質の捉え方・示し方に関する研究会 2019: 9）

構造の質	法令・基準等の順守（職員の資格要件、面積、人員配置等）
実施運営の質	組織体制・職場環境の整備（保育の計画・記録の作成、研修の機会・時間の確保等）
プロセスの質	保育実践の内容（職員と子ども、子ども同士、職員同士、子どもと環境の関わり・関係性等）
アウトカム（成果）の質	子どもの発達・学び・幸福（運動のスキル、社会情動的スキル、読み書き、数的能力、創造性、安定・安心等）

されている。保育の質に関するさまざまな調査および提言をおこなっているOECD（経済協力開発機構）では、保育の質全般を捉えるための単一の尺度や定義を示すのではなく、表0-1のようにいくつかの下位領域に分割して評価することが試みられている（OECD 2006=2011, OECD 2015）。

　保育の質のさまざまな側面の捉え方は、国や地域によって異なるが、イギリスやアメリカではさらに細かい下位領域や項目に分類し、客観的に測定するためのさまざまな尺度を開発し、これらを組みあわせることにより把握している。たとえば、プロセスの質を評価するために開発されたSSTEWスケール（Sustained Shared Thinking and Emotional Well-being Scale：「ともに考え、深め続けること」と「情緒的な安定・安心」スケール）の場合、表0-2の14項目について、訓練を受けた評定者が、半日以上にわたる観察や保育者からのヒアリングをもとに、7段階で評定する（Siraj et al. 2015=2016）。

(3)「プロセスの質」把握の限界

　保育の質を構成する多種多様な要素のなかでも、保育実践にかかわる「プロセスの質」（表0-1参照）では、保育者が子ども・保護者・同僚たちとの間でおこなっているやりとり（interaction）が基盤となるため、保育者の専門性と重なりあう部分が多い（Schleicher 2019=2020: 30）。このため、表0-2のような尺度を活用すれば、保育者の専門性の全貌に迫っていくことができるのではないかと期待する声もあるだろう。しかし、保育者による専門性に関する自己意識の国際比較調査では、調査に参加した10か国それぞれに特色がみられ、一元的に把握することの難しさがあらわとなった（国立教育政策研究所 2020）。イメージ図でも示されているとおり（図0-1参照）、保育の質にはその国の文化だけでなく社会政策も色濃く反映されるため、標準化された信頼性の高い尺度であっても、これを翻訳して、文化や社会背景が異なる国や地域で使用することは、妥当性や信頼性において疑問が残る（古賀 2019）。

表0-2　「保育プロセスの質」評価スケールの例（Siraj et al. 2015=2016: 40, 筆者改変）

		言葉・コミュニケーションを支え、広げる：感受性豊かな応答
レベル1 〈不適切〉	1.1 1.2 1.3 1.4	子どもたちと最低限かかわるのみで、それ以上かかわろうとしていない。 保育者同士が話すばかりで、目の前にいる子どもたちを無視している。 子どもたちと個別にかかわることがほとんどなく、つねに子どもたちのグループ全体と会話している。 子どもたちが明らかに苦痛な状態に置き去りにされている。
レベル2		
レベル3 〈最低限〉	3.1 3.2 3.3	保育者が小グループの子どもたちに焦点をあてており、そのグループの中で子どもたちに個別に応答している。 保育者が興味深そうに、子どもたちの言葉に耳を傾け、子どもたちからの質問やコメントに応答している。 ほめ言葉が使われているが、大抵の場合、子どもたちのグループ全体に対して使われている。
レベル4		
レベル5 〈よい〉	5.1 5.2 5.3	ほとんどの子どもが観察期間中に最低1回は、一定時間、個別のまなざしを向けられている。 子どもが取り組んでいることで苦労していると感じた時に、保育者が快く手を差し伸べている。 子ども一人ひとりに対して、適切な時に、すぐにほめ言葉や励ましの言葉をかけている。
レベル6		
レベル7 〈とても よい〉	7.1 7.2 7.3	ほとんどの子どもに、観察期間中に二回以上、一対一のかかわりの中でまなざしを向けている。 子どもたちからのコメントや要求に対して、すぐに応答したり、検討したりしている。必要に応じて他の保育者が加わり、子ども達がただ待ってるだけ、うろうろしているだけという状況にならないようにしている。 保育者がある特定の子どもに焦点をあてたいと思った場合でも、他の子どもたちが排除されたと感じないようにしている。

注）空白部分は原文ママ。

　表0-2でも見られるように、各レベルを構成する指標において、保育者の行動パターンがいくつか示されているが、厚みのある記述とはいいがたく、「保育者の専門性とは、どのようなふるまいややりとりによって構成されるのか」という疑問に対して、つぶさに説明することは難しいと思われる。
　以上より、標準化された指標や尺度を駆使しても、プロセスの質を十分に把握することは困難であり、そのまま保育者の専門性にあてはめられないことがわかる。

(4) 専門性の把握方法と課題

　保育者の専門性とはいかにして把握できるのだろうか。①何を把握するのか（whatの問題）、②だれが把握するのか（whoの問題）、③どのように把握するのか（howの問題）、の三点から検討し、そのうえで何が課題となっているのか示していきたい。

① What：何を把握するのか

　保育者の専門性を語る際に、相互作用的観点は欠かせない。保育者の職務において、中核部分を担うのは、子どもや保護者とのコミュニケーションだからである。保育実践とは、保育者が構成した場や人間関係などの「環境」を媒介とする援助のもとで、子どもと「環境」との間で相互作用が行われることによってなりたつ（厚生労働省 2018）。たとえば、ままごと遊びの場合には、保育者は子どもたちがままごと遊びを楽しめるよう、ままごと遊びに使えそうな素材や玩具を配置して「ままごとコーナー」と呼ばれる場を用意したり、保育者自身もお母さん役を担うなどメンバーに加わったりするなど、ままごとコーナーで繰り広げられる相互作用を積極的にうながす。

　ふりかえってみれば、かつて、専門性とは、客観的に観察可能な専門的知識や技術としてとらえられてきた。しかし、「知識基盤社会」と呼ばれるようになった1990年代後半以降、社会から求められる能力観が変容するなかで（本田 2005）、知識・技能そのものについても捉えなおされ（松下 2010）、ただ知識や技術を所有するだけではなく、これらをコミュニケーションのなかで活用することも含めた新しい能力観であるコンピテンシー概念の影響力がましてきた（松尾 2016, Rychen & Salganik 2003=2006）。つまり、専門職やそれを目指す人びとにも、専門的な知識・技術を所有しているだけでは不十分で、さらに、これらを日々の職務のなかでどのようにして成果に結びつけていくのかが、問われるようになった。

　「資質・能力」と言いかえられることも多いコンピテンシー概念においては、高い業績をあげるための必要条件として、他者との相互作用によりチームワークやネットワークを形成して協働する力が位置づけられている（Spencer & Spencer 1993=2011）。対人援助職の場合、専門職－クライエント間のコミュニケーション抜きには職務そのものが成り立たないことから、そのパフォーマンスを把握するにあたっては、相互作用の視点を組み込むべきであろう。

　実際、保育者の職務において、中核部分となるのは、子どもや保護者とのコミュニケーションである。このため、保育者の専門性を語る際には、相互作用プロセス

を多角的にとらえていく姿勢が求められる。たとえば、ままごと遊びの場合には、保育者は子どもたちがままごと遊びを楽しめるよう、ままごと遊びに使えそうな素材や玩具を配置した「ままごとコーナー」を設けたり、保育者自身もお母さん役になってままごとに参加するなど、保育室の一角で繰り広げられる相互作用を積極的にうながす。保育実践とは、このような保育者が構成した場や人間関係などの「環境」を媒介とする援助のもとで、子どもと「環境」との間で相互作用が行われることによってなりたつ（厚生労働省 2018）。保育の質の議論において、プロセスの質として問題となるのが、まさに、これら一連の相互作用プロセスである。しかし、このプロセスを的確に把握することは容易ではない。このことは、後述する三番目のhowの問題として再びあらわれる。

② Who：だれが把握するのか

「保育所等における保育の質の確保・向上に関する検討会」（2018: 8–9）によれば、保育実践現場で用いられている評価（自己評価、保護者による利用者評価、公的機関による第三者評価）のなかでも、とりわけ自己評価が重視されている。自己評価では、保育者個人および組織全体で、PDCA（plan 計画、do 実行、check 評価、act 改善）サイクルを通じて、自らをふりかえることによって、子どもの育ちや内面についての理解を踏まえた保育計画とそれに基づく環境構成や援助プロセスについて把握する（厚生労働省 2020）。自己評価の方法としては、チェックリスト形式のほかにも、日常的に行われている記録や語りも含まれている（大豆生田 2019）。こうした記録や語りを活用したふりかえりでは、「○○ちゃんが〜した」といったように、そのふるまいを描写するだけではなく、そこにどのような意図があったのか、どのような感情が湧きあがったのか、解釈を深めつつ、今後、どのような働きかけをすればいいのか思索をめぐらせ、試行錯誤していくプロセスに焦点があてられる（たとえば、全国保育士会保育の言語化等検討特別委員会 2016）。

ただし、whatの問題で述べたように、保育者の職務内容の多くは相互作用にかかわるものであり、これを後からふりかえり、その場に居あわせていなかった他者にも理解できるように述べることは、経験豊富な現職保育者であっても、容易な作業とはいいがたいのではないかと案じられる。これは、三番目のhowの問題、すなわち、どのようにして把握するのかという問題に波及する。

③ How：どのように把握するのか

近年、専門職が自らの実践をふりかえる探究活動が、専門性を語るうえで欠かすことができないが、独力で自らの専門性を描ききれるものなのだろうか。

哲学者のドナルド・ショーンは、客観的に把握できる専門的知識や技術の高さを
もって、専門性のありようを語ることを批判し、「反省的実践家」という新たな専
門家像を提唱した（Schön 1983=2007）。複雑な状況のなかで目の前の課題を解決する
ために、自らの実践を省察するなかで既存の理論を再構成していくプロセスこそが、
専門性の証しとして捉えなおしたのである。この主張は、当時、整備が進められて
いた専門職大学院など、専門職教育の制度改革に多大な影響を与え、専門職論のパ
ラダイムシフトをうながした。

　ただ、これまでも述べてきたとおり、自分自身が関与した相互作用プロセスにつ
いて、詳細に描写するのは、かなり難易度の高い作業である。加えて、日本の保育
者の場合、諸外国にくらべて、保育者一人あたりが担当する子どもの人数は多く、
その業務内容は膨大である一方で、子どもや保護者との直接的な関わりから完全に
解放されて、省察に専念できる時間を確保することは難しいという事情もある。日
常的な業務と並行して、深いふりかえりと実践理論の再構築をなしとげるために必
要な「ゆとり」のある、恵まれた職場は決して多くはないはずだ。

　さらに、保育者の職務が多様化している現状をふまえれば、科学的な専門的知
識・技術の所有を根拠とする「技術的熟達者」モデルから、再帰的な認識枠組みに
もとづく「反省的実践家」モデルへの移行モデル、もしくは二項対立モデルとして、
図式化して描きだせるほど単純ではないことも指摘されている（香曽我部 2011）。し
たがって、観察と記述が、外部あるいは内部のいずれからおこなわれるのかを選択
するのではなく、適宜、異なる視点を組みあわせるという第三の立場が導きだされ
る。

　以上の議論より、保育者の専門性を検討するにあたり、以下の課題があぶりださ
れた。

　第一に保育者の専門性と重なりあう部分の多い「プロセスの質」を客観的に測定
するために、おおまかな行動パターンの評定が行われているものの、保育者の専門
性を把握するためには、これだけでは不十分であり、具体的なふるまいを丁寧にみ
ていく必要がある。

　第二の課題として保育実践現場では、保育者自身によるふりかえり（省察）が、
専門性のあらわれとして重視されているものの、年々、業務の範囲が広がり、かつ、
時間的な余裕もない現状において、内在的に描きだしていくのは困難であり、外部
からの視点も組みいれることが求められる。

（5）ナラティヴ・アプローチによる可視化

　上記の二つの課題に対し、学術的な視点や研究方法をくみこむことにより、保育者の専門性の可視化に貢献することはできないものだろうか。本書では、このような問題意識をもとに、保育実践現場においてデータを収集し、「保育者はどのような相互作用プロセスにおいて、保育者特有の専門的知識・技術を発揮しているのか」について実証的に解明する課題にとりくむ。

　なお、このような研究視座は、会話分析を代表とするエスノメソドロジーの方法論と共通する部分が多い。異なるのは、エスノメソドロジストらが秩序のなりたちを可視化するために、非言語的要素も含めたコミュニケーション行為を広く扱うのに対し、ナラティヴ・アプローチ（narrative approach）では、ナラティヴという出来事を二つ以上つなげた言語行為に、焦点を絞りこむという点である。

　なぜナラティヴに注目するのか。ナラティヴ（narrative）とは、「語り（行為的側面）」と「物語（産物的側面）」の両方を含む言語行為の一種であり、「物語り／物語り行為」と翻訳される（野家 2003）。また、形式上の特徴として、出来事（event）を示す文を二つ以上つなぎあわせた構造をもつ。「言語が社会的現実を構成する」（Berger & Luckmann 1966=2003, Gergen & Gergen 2004=2018）と言われるように、社会構成主義（social constructionism）においては、ある社会的現実を理解するうえで、まず、言語のありように着目する。言語は、単語でも、文でも、その力を発揮する。ただ、その文脈や背景まで理解するためには、単語よりも文のほうが、単文よりも複数の文が連なったほうが、把握しやすい。複数の文の連なりについて、形式面に着目して分類すれば、物語のほかにも、随筆や論文など、さまざまな様式が存在する。

　これらのなかでも、ナラティヴは、時代や地域を超えて、人びとの日常生活にとって、きわめて身近な存在であることが、さまざまな論者によって指摘されてきた。近年では、メッセージを媒介する役割だけでなく、人間の認識枠組みまでも規定することが明らかにされている。心理学者のジェローム・ブルーナーによれば、人間の思考様式には「論理科学様式（paradigmatic mode）」と「ナラティヴ様式（narrative mode）」の二つがある（Bruner 1986=1998）。

　これらの様式の違いを、具体的に示そう。例として『保育所保育指針』『幼稚園教育要領』等において、小学校就学時までに保育活動全体を通じて育まれることが期待されている「幼児期の終わりまでに育ってほしい姿」を構成する10項目のうち、「豊かな感性と表現」（厚生労働省 2018: 82–83参照）として示されている事柄を、それぞれの様式の文体であらわすと、次のようになる。

論理科学様式：幼児が園生活のなかでさまざまな表現活動を経験すれば、就学の頃には旺盛な表現意欲をもって学校生活にのぞむようになる。

ナラティヴ様式：K保育園ゆり組のレイちゃんは、1歳半で入園して以来、さまざまな遊びを経験してきた。年長児クラスの生活発表会では、ゆり組の仲間と力を合わせて「たからものは誰のもの？」というお話をつくりあげて演じ、さまざまな学びがあった。卒園後、レイちゃんたちはこうした経験を糧にして、学校生活をおくった。

　論理科学様式は、科学的な認識枠組みのもとで、論理やデータによってくみたてられ、一般的な事柄をあつかう。一方、ナラティヴ様式では、人間の行為の意味やその変転を扱うナラティヴを、思考や語りの枠組みとすることで、一つひとつのふるまいに意味が付与され、人びとにとって認識しやすいよう整えられる。幼い子どもとその家族への援助が実践内容となる保育実践現場においては、ナラティヴ様式の思考や語りが頻繁に選択され、活用されており、これらが埋めこまれた相互作用プロセスにおいて、保育者の専門性は発揮されていると予想される。

　以上より、本書では、ナラティヴという概念を手がかりにして社会的現実にせまる視座であるナラティヴ・アプローチをもちいて、保育者が子どもや保護者との間でおこなわれる相互作用に焦点を絞り、保育者の専門性を可視化することを研究目的とする。

2　実証研究としてのナラティヴ・アプローチ

　本書の研究方法であるナラティヴ・アプローチとは、人びとの実践を対象として、「語り」という行為とその産物である「物語」が表裏一体となった視点から眺めなおす方法と定義される（野口 2002: 15）。ナラティヴには、内容と形式という二つの側面がある。方法論としての精度を高める場合、後者の形式面に照準をあわせる。

　ナラティヴ・アプローチという言葉から、ナラティヴ・セラピー（たとえば、McNamee & Gergen 1992=1997）を思い浮かべる人が多いであろう。実証研究よりも、むしろ、実践のほうが豊富な蓄積があるためである。また、ナラティヴ分析をもちいた学術研究でも、収集されたナラティヴを質的データと位置づけて、解釈的に論じることが多かった（たとえば、Flick 2007=2011）。海外では量的データに変換して統計的に分析した論文も存在するが、少なくとも日本では、ナラティヴをデータとして多数収集し、何らかの変数と関連づけながら数量的に分析をされることはほとん

どなかった。

　研究方法としてのナラティヴ・アプローチにおいては、個別の現象を深く理解し、現場で直面している問題を乗り越えることに関心をもっており、もともと事例研究的な関心が強い傾向がある（野口 2009）。先行研究を紐解けば、マイケル・ホワイトなどの卓越した実践家が、従来型の専門的知識・技術では解決できなかった困難事例に立ち向かうために編みだした、きわめて先進的な事例研究がルーツとなっている（McNamee & Gergen 1992=1997, White & Epston 1990=1992）。また、哲学者のジャン＝フランソワ・リオタールがポストモダンを「大きな物語の失効」（Lyotard 1979=1986）といいあらわしたように、ポストモダン的な思想とも親和性が高い。

　このような状況において、ナラティヴ・アプローチという方法論を、実証研究のなかで用いようとするのはなぜか。結論を先取りしていえば、ナラティヴ・アプローチを分析の道具としてもちいることにより、保育者が相互作用を通じて発揮している専門性をとらえ、これを可視化し、理論的に示したいからである。さらに、得られた知見を、専門的な知識および技術として、ほかの保育実践現場でも使うことができ、かつ、養成教育でも利用できるかたちで示したいからである。この点について、もう少し詳しく説明しよう。

　実証研究とは、学術的な背景に裏づけられた問題意識のもとで設定された問い（リサーチ・クエスチョン）に対し、直接的な観察や経験をもとに検討することを通じて、新たな知識を得る方法である（野家 2005）。調査を実施することにより、データあるいは資料と呼ばれる証拠を収集し、一定の手続きに則った分析を行い、結論を導き出すという手続きをとる。実証研究では、これらの研究プロセス中に、信頼性や妥当性を担保する仕組みが含まれているため、結論として得られた知識は、一定の条件下でくり返し利用できる見通しがえられる。

　フィールドワークによる質的研究の場合、研究に携わる人びとは、フィールドにおける子どもや保育者のふるまいを丁寧に観察し、細やかに描写し、解釈を書き連ねる。ただし、分析対象となる保育者たちのふるまいが個人的な差異を超えたパターンをどの程度含んでいるのかという点については、論文や報告書などの成果物のなかではあまり触れられてこなかった。このため、読者にとっては、言及された事柄が、園文化あるいは個人特性や相性などに基づく一時的な事象、あるいは、観察しているときにだけ生起した偶発的な事象なのではないか、という懸念が残るのではないだろうか。その一方で、データが、専門職である保育者のふるまいから収集されている以上、そこには専門職集団内での精錬をへて蓄積されてきた専門的知識・技術が反映されている可能性はきわめて高い。したがって、観察によって見いだされたふるまいのパターンが、一過性の事象ではないことを確認する手続きを加

えることにより、保育者による専門的な知識および技術として、説得的に提示する見込みがたつ。

　そこで、本書では質的分析を土台としながら、一過性の事象が反映されたデータではないことを確認するために、量的分析を追加するタイプの混合研究法を採用した。具体的な方法論や分析手法については、第1章で述べる。

3　ナラティヴ実践としての保育・子育て支援

　本書では、保育者がおこなう「ナラティヴ実践（narrative practice）」を専門性のあらわれとしてとらえ、その相互作用に焦点をあてて観察し、諸特性を理論的に記述することをめざしている。第5章で示すように、保育者が創意工夫をこらして、子どもたちの育ちにあわせ、絵本コーナーや園文庫を設けたり、クラス全体でのミーティングの時間を設定して語りあいの機会を提供したりすることは、どの園でも日常的に行われている。幼い子どもたちの言葉の育ちを見とおしながら、ナラティヴの土壌を豊かに育むためには、言葉がけ等の直接的指導だけでなく、上記のような間接的援助も必要である。こうした側面的な支援を注意深く観察すると、ナラティヴ以外のさまざまな事柄も含まれていることに気づかされる。つまり、保育者は、物語り行為そのものも活発に行っているが、さらに、子どもや保護者によるナラティヴを誘発したり、支えたりする働きかけにも従事しており、園では多種多様なナラティヴ実践がくりひろげられている。

　保育とは、「保育に関する専門性を有する職員が（中略）環境を通して養護および教育を一体的に行うこと」（厚生労働省 2017）と定義されるように、その職務内容は多岐にわたる。これらのなかで、保育者によるナラティヴ実践は、三つの領域に分類される。

　まず、子どもに対するナラティヴ実践があげられる。保育室においては、まだ発語のない0歳児の頃から、さかんに、読み聞かせや素話（昔話など、既存の物語を語り聞かせること）が実践されている。幼児期になれば、昔話や絵本を手がかりにして、ごっこ遊びや劇づくりを展開するなど、ナラティヴはさまざまな遊びのなかに組みこまれている。（たとえば、小林 2008, Hakkarainen 2008）。

　第二の領域として、保護者に対するナラティヴ実践がある。話し言葉によるものとしては迎時の会話や面談などがあり、書き言葉によるものとしては連絡帳のやりとり、おたよりの発行などが含まれる（たとえば、二宮 2018a）。園において、日常的風景として観察される、上記のナラティヴ実践の多くは、一見、何気ないおしゃべ

りや散文にしか見えないであろう。しかし、現代社会では、身近な地域において、子育てについて、気軽にいつでも語りあえる相手を見つけることは難しくなった。子育て支援として、保護者の語りを共感的に受けとめつつ援助するために、保育者が駆使しているコミュニケーション技法に注目する。

　三番目のナラティヴ実践の領域として、実践現場では「事務（園務）」と呼ばれる帳票作成がある。保育者は、一日中子どもの相手をしているという先入観は根強いが、実は、保育日誌や児童票のほか、カリキュラムや他機関向けの資料作成など、机に向かう時間は長く、重要な業務として位置づけられている。舞台裏でも、数多くのナラティヴ実践に従事しているのである。

　これらのナラティヴ実践を研究対象として取りあげる場合、経験をデータへと変換する過程において、どのような作用が働くのであろうか。

　ナラティヴとは、「語り」という行為プロセスを示す側面と、その産物として「物語」という二つの側面を、同時に併せもつ言語行為（speech act）である。たとえば、保育者と保護者との間でやりとりされた連絡帳を、ナラティヴ実践の観点から捉え直せば、保育者あるいは保護者によって記載された文章が、そのままナラティヴ実践として保育者−保護者間の相互作用プロセスを指し示す。つまり、ナラティヴ分析において、文字を使ってやりとりされた相互作用プロセスのあらわれである。書き言葉を研究対象とする場合（たとえば、本書第2章）、実践現場で用いられている文書をそのままデータとして活用することが可能である。ローデータを収集し、これを文字起こしなどの処理を施して、分析に耐えうるデータとなるまでの間に、研究者による操作が加わる余地は比較的小さい。このように、実践現場における現実がそのまま反映されたデータを入手しやすい点は、ナラティヴ研究の魅力の一つといえよう。

4　本書の構成

　本書では、ナラティヴ・アプローチの方法論について整理したうえで（第1章）、分析手法をさらに精錬することにより、保育園におけるナラティヴ実践を研究対象として、日常生活に深く埋めこまれていた保育者の専門性を掘りおこして光をあて、可視化する作業にとりくむ（第2〜5章）。具体的には、以下、四つの調査より、保育者がやりとりのなかで駆使している戦略的コミュニケーション技法である「ナラティヴ・ストラテジー」や、子どもたちのナラティヴを育むために構成された「ナラティヴ環境」について明らかにする。

最初の調査（第2章）では、活発な相互作用によって協働的に構成されるナラティヴを分析する手法を開発し、連絡帳を分析対象として、保育者側の書き方に着目して分析することにより、保護者から高い信頼を獲得したクラスの連絡帳には、どのような形式的特徴があるか検討する。具体的な分析手法としては、保護者による信頼度の判定をもとに高信頼クラスと低信頼クラスに分け、連絡帳の自由記述欄に記載されたナラティヴに対し、構造的側面や相互作用的側面に着目した分析をおこなう。その結果、高信頼クラスの連絡帳では発達型の語りという特徴が見いだされ、これを保護者側に関連づけながら反復し、発達的観点に立つナラティヴが保育者-保護者間で交渉的に組織化される様子が描きだされる。

　二番目の調査（第3章）では、ある出来事について複数のナラティヴが拮抗している状態を把握するための分析手法を開発し、保護者との間に共感的な相互作用をなりたたせるために、保育者たちが駆使している戦略的コミュニケーション技法の可視化をはかる。同じ保育者により同じ出来事をトピックスとして作成されたクラスだよりと保育日誌を比較することにより、保育者が保護者に対して共感的メッセージを伝達するために活用している六つのナラティヴ・ストラテジーが浮きぼりにされる。

　三番目の調査（第4章）では、しぐさなどの非言語的な側面もくみこんだナラティヴ分析を開発し、2歳児クラスと4歳児クラスにおける生活画活動を分析する。生活画とは、子どもが自ら体験した出来事について、保育者と語りあいながら、線描（drawing）により制作される。この生活画活動場面を分析対象として、第三者的立場にある観察者にとって、客観的には理解しにくい幼児の声や非言語的なふるまいによって構成されるパフォーマンスを、ナラティヴへと変換し、さらにストーリーのレベルまで組織化しながら線描作品が完成するまでの相互作用プロセスを支えている戦略的コミュニケーション技法を解きあかす。

　四番目の調査（第5章）では、ナラティヴ・アプローチとエスノグラフィーをくみあわせた分析方法を用いて、5歳児クラスの子どもたち全員参加で物語をつくりあげて創作劇として上演されるまでの援助プロセスを解明する。特に、保育者たちがどのようにして、ナラティヴを育む「環境」を構成し、これらを活用しながら援助しているのかという点に注目する。ストーリーの制作方法やその表現技術には習熟していない幼児たちに対し、保育者による「環境」を媒介とする援助により、ナラティヴの萌芽となるパフォーマンスが湧きおこり、これが精錬され、つなぎあわされることにより、集団レベルのストーリーへと進化していくプロセスを追う。

　最終章では、上記の四つの調査から得られた知見をもとに議論する。第2章から第5章の記述は、学術雑誌に掲載された原著論文をもとにしており、複数のフィー

ルドにおいて、それぞれ異なる保育者や子どもたちを研究協力者としている。それ
ぞれの章の独立性は高く、分析手法やリサーチ・クエスチョンも異なる。各調査に
おいて見いだされた知見を「相互作用的専門性としてのナラティヴの技法」として
統合し、そのポテンシャルについて考察した。また、ナラティヴ・アプローチの
分析概念である「いまだ語られていないストーリー」（野口 2009）や「共同性」（野口
2018）を参照しつつ、保育者の専門性が埋めこまれたさまざまな援助技法の独自性
について議論する。

第1章

方法論的背景

1　ナラティヴの基本的特徴

(1) ナラティヴの構造

　本節では、ナラティヴの基本的特徴について確認しながら、ナラティヴ・アプローチの方法論的基盤について述べる。

　まず、ナラティヴの構造上の特徴について述べれば、「出来事を二つ以上つなぎあわせたもの」である（例文1を参照）。

　　例文1　　　私は車に乗った。
　　　　　　　彼は立っていた。

　ナラティヴの基本単位である出来事（event）について確認しておこう。出来事とは、知覚などの主観的な体験が観察しうるかたちで表されたものをさす。「〜をした」とか「〜が起こった」という形式で、状態が変化するプロセスを叙述することで示される[1]。つまり、出来事とは、「主語S＋述語V」を基本型とする「叙述（account）」として可視化された経験であり、通常、過去形の「文」の形式で表示される。

　例文のように、出来事を述べた文を二つ並べただけで、ナラティヴは成立する。ただし、これだけでは、「だから何？」と怪訝な声が返ってきそうだ。そこで、少し言葉を足して、ナラティヴをストーリーに移行させてみる。

1　その状態の変化が人によってもたらされた場合は、主体的な行為（act）として認識されるであろう（例文：私は電車に乗り遅れた）。そうでない場合は意図的な統制のきかない事象として捉えられることが多い（例文：電車の到着が遅れた）。体験が出来事として叙述される際には、主語の設定の仕方など、語り口すなわちナラティヴの形式により、描きだされる情景が大きく左右される。

例文2　　私は車に乗った。
　　　　「さよなら」も言わず、黙りこんだまま、彼は立っていた。

　例文1に比べ、理解できたという感覚をもてるのではないだろうか。例文2では、「『さよなら』も言わず、黙りこんだまま」というフレーズが加えられただけではある。これにより場面のイメージを具体的に思い描けるようになり、二人は気まずい状態にあるのだろうか、などと想像をふくらませることができるようになった。すなわち、「意味」が発生した、とも言いかえられる。
　例文2と例文3を比べてみると、例文2のほうが文脈を豊かに感じられることからも、ストーリーの最も重要な機能である「意味」とは、出来事の組みあわせによって生じるものだとわかる。

例文3　　ある晴れた日のことだった。
　　　　小鳥たちがさえずっていた。
　　　　私は車に乗った。
　　　　彼は立っていた。

例文4　　ある晴れた日のことだった。
　　　　小鳥たちがさえずっていた。
　　　　私は車に乗った。
　　　　「さよなら」も言わず、黙りこんだまま、彼は立っていた。

　例文1に対して例文3をつきあわせた場合、例文3に対して、フレーズが若干増えたにもかかわらず、腑に落ちない感覚が残るのではないか。一方、例文2に対して例文4を比較した場合は、例文2と同じフレーズが挿入されることにより、例文4の「ストーリーらしさ」が増したと感じられるであろう。出来事のつなぎ方を工夫することによって、背景のにぎやかさと登場人物のたたずまいとの対比が明確となり、文脈上、意味が発生したためである。
　以上の例文より、ナラティヴとストーリーの違いを左右するのは、文の数や長さではないことがわかった。むしろ、読み手が、複数の出来事のつながりから発生する「意味」の存在を承認できるか否か、ということがポイントとなるのである。いいかえれば、ナラティヴとは、出来事が二つ以上ありさえすれば、その内容や量は問われないし、つなぎあわせるうえでの条件もない。このため、誰もがその意味を

十分に理解できるとは限らないのである。

　その典型例が、幼い子どもの語りであろう。おそらく、初めて会った幼児から、園や家庭のエピソードを聞いた場合、細部に至るまで理解できたという感覚をもつことは難しいはずである。これは、幼児のもつ語彙数の問題というよりも、むしろ、言葉を「組織化」し、意味づけていくような語り口に熟練していないためであろう。園の職員や家族が聴き手となった場合、幼児の発話がストーリーの形式をとらなくても、聴き手側が手持ちの情報を総動員しながら、ナラティヴを聴取して、その意味まで理解するよう努めるため、多くの場合、コミュニケーション不全の事態にまでは至らない。しかし、このような恵まれた条件下にない場合、第三者的立場の聴き手が、組織化されていないナラティヴを、素直に了解することは難しいはずだ。ナラティヴとストーリーの間には、構造上の段差が存在しているからである。

　これまで、ナラティヴの定義について、構造上の特徴から説明してきた。これらの前提に基づき、以下、ナラティヴの構造に着目した分析手法として、①ジャンル分析（類型論）と②内部構造分析（ラボフ・ワレツキー・モデル）について述べる。

①ジャンル分析（類型論）

　ナラティヴ研究の先行文献を遡っていくと、アリストテレスの『詩学』に至る。アリストテレスは、当時、最も高貴な芸術とされていた「劇（drama）」の制作方法について論じ、その内容よりも、むしろ形式上の特徴である「筋の組み立て」が重要であると指摘した。劇の要素としては、背景にある思想・登場人物・俳優などさまざまなものがあるが、あえて出来事の結びつきに着目して、すぐれた悲劇作品の構造的な特徴や、その構造特性がどのような効果をもたらすのか検討した。アリストテレスの『詩学』は現代でも学ぶところの多い古典ではあるが、以後、長年にわたり、形式に着目した議論はとだえていた。

　20世紀に入って、民俗学者ウラジミール・プロップによる昔話の研究（プロップ1928＝1972）を嚆矢として、ナラトロジー（物語学）など、作者がテクストを通じて伝えようとしている内容よりも、その伝え方、すなわち、形式に着目する研究が登場してきた（詳しくは、Prince 1982＝1996, 1987＝1997, 橋本2014）。社会科学分野では、しばしばジャンル分析とよばれる、ナラティヴにおける「筋の組み立てられ方」の構造的特徴を探るナラティヴ分析がさかんになった（Riessman 2008＝2014）。

　ジャンル分析の標準的な手続きは、それぞれの学問分野でバリエーションがあるものの、社会科学では、おおむね次のようになる（Riessman 1993）。まず、ナラティヴ・インタビュー（Flick 2007＝2011）のような構造化の程度の低い面接場面を設定し、語り手自身の経験について、できるだけ自由に語ってもらえるよう努め、語り手の

発するノンバーバルなサインにも気を配りながら、ていねいに聴きとる。そのトランスクリプトに対し、ナラティヴ分析により、語られたナラティヴの内部構造を明らかにする。このようにして見いだされた特徴のなかからパターンを見いだして「類型（type）」として分類し、議論を展開するのである。

　代表的な研究例として、社会心理学者ケネス・ガーゲンによる生涯発達について、ライフストーリーにおける語りの形式の特徴から迫っていく論考をあげる（Gergen 1994=2004）。ガーゲンは、さまざまな年代の人びとの語るライフストーリーを収集し、その内容ではなく、筋立て（プロット）に着目したジャンル分析をおこなった結果、時間の経過に沿って、出来事への評価の高低が推移し、これがライフストーリーのあり方を強く規定することを発見した。具体的には、時間が推移しても自己評価が変動しない「安定的語り」（図1-1a）、評価が変化する「上昇的語り」「下降的語り」（図1-1b）という3種類の基本的なプロット・パターンが存在し、さらにバリエーションが加わることで、「悲劇的語り」「コメディ－ロマンス語り」（図1-1c）、「『永遠の幸せ』語り」「英雄物語」（図1-1d）などさまざまな類型に分岐する。アリストテレスの『詩学』以来、人文科学の分野において、さまざまなテクストを類型として分類することで、その特徴を把握する試みが重ねられてきたが、ガーゲンの研究の独創性は、どのような要因によって語りの形式が規定されるのか明示した点にある。ガーゲンの分析枠組みを使えば、「時間」と「評価」という二つの座標軸

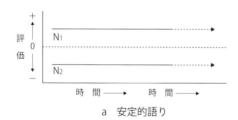

a　安定的語り

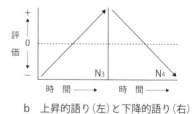

b　上昇的語り（左）と下降的語り（右）

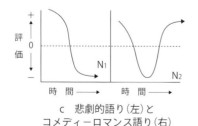

c　悲劇的語り（左）と
コメディ－ロマンス語り（右）

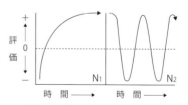

d　「永遠の幸せ」語り（左）と英雄物語（右）

図1-1　ライフストーリーのプロットパターン
（Gergen 1994=2004: 263を一部改変）

からなるシンプルな図で示すことができ、ナラティヴの形式を直感的に把握することができる（たとえば、Gergen & Gergen 1983, Gergen 1994=2004）。

　もう一つ、引用機会の多い先行研究として、社会学者アーサー・フランクによる「病いの語り」の三類型がある（表1-1）（Frank 1995=2002）。通常、いわゆる病気とは、医学の統制下にあり「疾患」として処置される。たとえば、声帯にがんが発見されたアナウンサーの場合、がんを完全に除去するために声帯も切除する手術が行われるならば、その人の生命は助かったとしても、アナウンサーとしての職務を全うするのはきわめて困難となるために、アイデンティティの危機にさらされる可能性が高い。このような医学モデルによる議論の隘路を指摘し、当事者の声で物語られた経験から議論をスタートさせることを提案した。つまり、体温や血圧などのバイタルサインによる把握が中心となる医学モデルで語られる「疾患（disease）」から、患者自身の語るナラティヴによって構成される「病い（illness）」へ、認識が転換されたのである。

　闘病中という条件で語られたものであるため、優等生的な語りである「回復の語り」のような整然としたものばかりではなく、支離滅裂な印象をもたらす「混沌の語り」も存在する。その一方で、不治の病など、「回復の語り」が機能しなくなった場合でも、厳しい現実に向きあい、自分なりの語りを紡ぎだす努力をする人びともいる。そのような語りを「探求の語り」として、これが成立する社会的条件について、さまざまな角度から検討した。

　このように、ジャンル分析は、データとして収集したナラティヴから、いくつかの類型を見いだし、これを手がかりに議論を展開する。「ただ型にはめて分類しているだけではないか」「形式よりも内容が大事である」という批判に対し、前述のフランクは次のように、ジャンル分析の意義を3点あげている（Frank 2010: 117-124）。

　第一に、人びとによる物語り行為において参照されるナラティヴの資源の実態が可視化されることである。人びとが何かを語ろうとした場合、先行する物語を何ら

表1-1　「病いの語り」の類型（Frank 1995=2002: 11 より筆者作成）

類　型	プロットの特徴
回復の語り	病いを一時的な逸脱状態とみなし、健康状態への回復を到達点として筋立てていく語り。 例：「昨日、私は健康であった。今日、私は病気である。しかし、明日には再び健康になるだろう」
混沌の語り	物語としての「筋」を欠き、一貫性と統一性を見いだせない語り。
探求の語り	病いの現実を受け入れ、病いに対して自分なりの意味を見いだす語り。

かのかたちで参照せざるをえない。一つひとつのナラティヴは代替のきかない固有性を有するとはいえ、完全にオリジナルなナラティヴは存在しないのである。したがって、語り手が物語り行為を首尾よく達成するために、どのような類型の物語を採用し、どう活用するのかという点こそが、ナラティヴ分析の重要なポイントとなる。

　第二に、物語り行為の際に類型を使用することで、それまで十分に言語化されていなかった体験の内容が整理され、語り手と聴き手の双方にとって認識しやすくなるという利点がある。カテゴリー化されることで、混沌としていた感覚や体験が識別できるようになる。

　第三に、類型として抽出された典型的な語りを、ナラティヴと語り手との関係性を観察するための試金石として位置づけることで、個々の語り手や聴き手が類型に対してどのように向きあい、どのように対処していくか探ることができる。たとえば、近年、その威力は低下しているものの、「立身出世の物語」「良妻賢母の物語」など、現代日本社会で流通している物語に対し、「まるで私自身の話のようだ」と感情移入する人もいれば、抑圧的に感じて積極的に物語の書きかえようとする人もいるだろう。

　アーサー・フランクの議論から、ナラティヴの形式的特徴に注目し、類型化という分析手法を導入することで、全体像が俯瞰しやすくなるのと同時に、「型」にはまりきれないナラティヴに、聴き手として向きあう契機となることが示唆された。つまり、声を上げにくい当事者やマイノリティの人びとのナラティヴに光があてられ（たとえば、Riessman 1991）、「回復の語り」などの模範的ナラティヴに抗う「声」を聴くことにも拓かれる（たとえば、伊藤 2005, 2021）。

②内部構造分析（ラボフ・ワレツキー・モデル）

　社会言語学者ウィリアム・ラボフは、それまでの言語学の研究対象が文献中心であったことに飽き足らず、実際にフィールドワークを行い、市井に住む人びとが語る言葉をデータとして収集した。そして、これを探究して、ナラティヴを分析するためのさまざまな手法の開拓と、ナラティヴの構造上のさまざまな特性の発見を同時並行で行い、現在のナラティヴ研究の礎石となった（Labov & Waletzky 1967, Labov 1972）。多岐にわたる業績のなかから、最も著名なラボフ・ワレツキー・モデル（ラボフの構造モデル）を紹介する。

　ラボフらは、スラム街に出向き、「これまでの人生のなかで大変な目にあったときのこと」というテーマでインタビューを行い、ナラティヴを収集した。

今、思い出してもゾッとする話だけどさ。親父が死んで、まだ2～3日しかたっ
てなかった。兄貴が、コニー島に住んでいた頃、親父に家から追い出された話を
しゃべり続けていたんだ。母親も一緒に座ってコーヒーを飲んでいた。俺は、もう、
その話はやめるように言ったんだ。それでも、兄貴は俺を無視して、しゃべり続け
た。言うことを聞かないから、俺は兄貴の腕をつかみ、後ろにねじり上げたのさ。
それから、兄貴の腕を放したら、ちょうど、テーブルの上にナイフが置いてあっ
たんだ。兄貴はそのナイフを俺に突き刺し、まるで殺される豚のように血が噴き出
した。すぐ、病院に担ぎこまれたよ。医者から「これ以上、調子に乗ったら、あん
たは死ぬところだった」って言われたんだけど、本当にそのとおりだった。今でも、
あの時の傷跡は残っているんだ。もう、ずいぶん昔の話だけどね。

（Labov 1982: 222–223 をもとに一部改変，筆者訳）

　ラボフは、これらのナラティヴの内部構造について詳細に分析し、ナラティヴが
6種類の構成要素の連鎖によって成立することを発見した（表1–2参照）。連鎖の順
序に沿って、六つの構成要素を示す。最初のフェーズである〈要約〉（Abstract）では、
そのナラティヴのトピックが設定されて、語りが開始される。続いて〈方向づけ〉
（Orientation）では、背景となる、時間・場所・登場人物などの情報が説明される。
第三フェーズの〈複雑化〉（Complicating Action）では出来事が具体的に語られ、最も
重要なフェーズである〈評価〉（Evaluation）において、出来事に対する語り手自身の
解釈が示され、語りは山場を迎える。引き続き、その出来事の〈結果〉（Resolution）
が示された後、最終フェーズの〈終末〉（Coda）を迎え、語り手は現在の地点に戻っ
てくる。ナラティヴは、このような六つのフェーズのつながりによって成りたつ
（図1–1参照）。
　集団レベルのナラティヴであるおとぎ話にあてはめていえば、「昔々、あるとこ
ろに」というフレーズで始まり、「～だったとさ。めでたし、めでたし」で終わる
私たちが慣れ親しんだ語り口は、六つの構成要素が順序良く並べられることにより、
おとぎ話らしく聴こえるようになるのである。
　一方、個人レベルの語りを分析対象とする場合、聴きごたえある語りであるか否
かは、〈評価〉によって左右される。ナラティヴを構成する要素間のつながりのイ
メージ図（図1–1）からも示されるように、六つの要素のなかでもとりわけ重要と
なるのが〈評価〉である。もともと、おとぎ話のように口承されるうちに語りの
形式的特徴もパターン化しやすいナラティヴに比べ、個人レベルの語りにおいて、
〈評価〉には語り手自身の解釈を提示する機能があるため、その重みは増す。

表1–2　ナラティヴの構成要素（Labov & Waletzky 1969, Labov 1982より筆者作成）

構成要素	働き	例
要約 Abstract	トピックの設定	今、思い出してもゾッとする話だけどさ。
方向づけ Orientation	場所・時間・登場人物など場全体の情報の提示	親父が死んで、まだ2〜3日しかたってなかった。兄貴が、コニー島に住んでいた頃、親父に家から追い出された話をしゃべり続けていたんだ。母親も一緒に座ってコーヒーを飲んでいた。
複雑化 Complication Action	実際に起こった個別の出来事や経験の提示	俺は、もう、その話はやめるように言ったんだ。それでも、兄貴は俺を無視して、しゃべり続けた。言うことを聞かないから、俺は兄貴の腕をつかみ、後ろにねじ上げたのさ。それから、兄貴の腕を放したら、ちょうど、テーブルの上にナイフが置いてあったんだ。兄貴はそのナイフを俺に突き刺し、まるで殺される豚のように血が噴き出した。すぐ、病院に担ぎこまれたよ。
評価 Evaluation	当該のナラティヴに対する発信者の解釈の提示	医者から「これ以上、調子に乗ったら、あんたは死ぬところだった」って言われたんだけど、本当にそのとおりだった。
結果 Resolution	評価Eの後に起こった出来事や経験の提示	今でも、あの時の傷跡は残っているんだ。
終結 Coda	発信者の視点を現在に戻すこと	もう、ずいぶん昔の話だけどね。

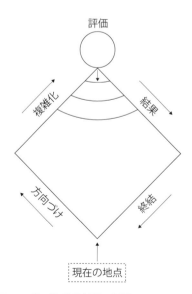

図1–1　ナラティヴの構成要素間の関係（Labov 1972: 369を一部改変）

（2）ナラティヴの機能

　ナラティヴの及ぼす作用やその効果については、さまざまに論じられてきた。本書の議論を進めていくにあたって欠かすことのできない機能について説明する[2]。

①交話的機能

　交話的機能とは、人びとにとって、語ること自体が、お互いの心を通わせ、一体感を高める働きをさす。儀礼的なあいさつや世間話が、これに相当する。もともとは、言語学者ロマン・ヤコブソンにより、言語が有する六つの機能（心情的機能・関説的機能・詩的機能・交話的機能・メタ言語的機能・動能的機能）の一つとしてあげられたものである（Jakobson 1960=1973: 194）。

　ヤコブソンによれば、交話的機能とは、上記の諸機能のうち、幼い子どもが最初に獲得するものだという。この機能により、子ども自身にとっては、何らかの意味を含む情報を相手に伝達したい気もちよりも前に、まず、発話によって他者とかかわりたい気もちの方が優先される。

　確かに、幼い子どもが園や学校での出来事を、家に帰ってから家族を相手におしゃべりする場合、おそらく、職場で上司に仕事の進捗状況を報告する場合とは異なる語りを展開するであろう。内容そのものの伝達よりも、むしろ、「語る－聴く」というコミュニケーション行為を通じた「ふれあい」のほうが重要なのである。実際、幼い子どもは、相手に意味が通じる／通じないには無頓着なまま、話し続けることが多い。相手に自分の意図が伝わらない場合は、コミュニケーションの目的が達成されていないことを意味するが、それにもかかわらず、語り続けることができるのは、幼児の場合、ナラティヴの交話機能が原始的に作用しているためであろう。ナラティヴ自体は不完全ながらも、1歳半から2歳ごろにかけて成立し、後づけで語り口や文法を習得し、やがては、洗練されたストーリーの制作へとつながっていく（Bruner 1990=2016, 2002=2007）。

②組織化機能

　組織化とは、ばらばらなものを体系化してまとめ上げることをさす。ナラティヴにおいては、組織化機能の作用により、複数の出来事のつながりから、筋が生じ、何らかの文脈が発生する（野口2002）。

　組織化作用の効果を確認するために、再度、第1章冒頭の四つのナラティヴを比

2　ヘルスケア領域におけるナラティヴの機能について、宮坂道夫は「解釈」「調停」「介入」の三つに分類し、整理している（宮坂2020）。

較してみたい。素直に読解した場合、例文1や例文3は登場人物の表情やしぐさまで想像することは難しく、散漫な印象しか残らないであろう。一方、例文2や例文4では、登場人物の心情を想像することができ、具体的な場面状況を頭に思い描くことができる。

　この違いは、組織化の作用の程度によるものであり、ナラティヴとストーリーの差異が示されている。ナラティヴとストーリーは、虹の色のように明確に区切ることのできないために、混同されやすい概念であるが、あえて例文を用いてカテゴリー分けすれば、例文1と例文3がナラティヴで、例文2と例文4がストーリーとなる。

　つまり、組織化作用の程度に応じて、ナラティヴとストーリーの差異が明確なものとなる。ナラティヴの場合、必ずしも筋や文脈があるとは限らない。これに対して、ストーリーでは、組織化作用の働きにより、ナラティヴに比べて筋が明確で、文脈に厚みがあることが特徴である。

　ただし、幼児の場合、ナラティヴはともかく、洗練されたストーリーを誰の助けも借りずに独力で紡ぎだすことは難しい。確かに、本書第4章の生活画活動のデータでも見られるように、幼児にとって身近な大人が聴き手となった場合、子どもたちの口から、次々と言葉があふれだす様子が見られることもある。しかし、出来事を言葉でとらえきれていなかったり、ようやく一つめの出来事は語ることができても、次の出来事をつなげるのが難しかったりすることが多い。

　このようなたどたどしい語りに対し、聴き手側は、あいづちなどを通じて、そのナラティヴを成立させるためのサポートを行っていることが多い（Lerner 1992, Stivers 2008, 串田 2009）。このような微細かつ無意識的なふるまいは「ナラティヴ・スキル」（Mandelbaum 2003）と呼ばれ、エスノメソドロジストらによる会話分析や相互行為分析によって可視化されてきた（たとえば、Sacks 1972, 浦野 1998）。

　しかし、ごく幼い子どもや重い障害のある人など、聴き手側がナラティヴ・スキルを駆使するだけでは、ストーリーはおろか、ナラティヴや出来事ですら成立しないこともある。なぜなら、語られた場面について情報量の圧倒的な格差が存在するだけでなく、クライエント側が適切に語るためのコミュニケーション技法どころか、言葉さえ十分にもたないことが多いからである。

　このような場合、専門的知識・技術を習得している人であれば、あいづちやうなずきなどのナラティヴ・スキルだけですますのではなく、さらに踏みこんで、断片的な言葉を拾い集め、これをつなぎあわせて体系化し、積極的に意味づけていくであろう。つまり、専門職－クライエント間のコミュニケーションでは、ナラティヴの組織化機能が活用されているのである。

③意味づけ機能

第1章の冒頭で、ナラティヴとストーリーの区別にあたり、意味の存在するか否かが分岐点となることを述べた。受け手にとって、意味を見いだせる場合はストーリー、そうでない場合はナラティヴと区別される。その根底には、受け手が認識しうるかどうかは別として、複数の出来事について述べたセンテンスからは、何らかの意味が発生することへの暗黙の期待がある。目の前に複数の出来事をつなぎあわせたセンテンスがあれば、何らかの意味を探し求めてしまうのである（Bruner 1990＝2016）。

この意味づけ機能の働きには、明示的な意味づけと、暗示的な意味づけの2種類がある。

明示的な意味づけについて、ラボフ・ワレツキー・モデルによれば、典型的なストーリーには、ストーリーのなかで言及されている出来事に対する語り手の解釈（評価：Evaluation）が含まれている。たとえば表1–2では、銃の暴発という出来事に対し、「ゾッとしたけれども、ラッキーだった」という意味づけがなされている。

一方、暗示的な意味づけについては、ナラティヴの形式上の特徴、すなわち、出来事の組みあわせのパターンからもたらされる。たとえば、「昔々あるところに〜」で話が始まると、その文化で生まれ育った人の多くは、直感的に「勧善懲悪」「立身出世」などのメタメッセージを読みとるであろう。道徳の時間などに教材として使われているストーリーに対し、説教臭く感じてしまいがちであるのは、それらのストーリーの形式が、一定のパターンを踏襲していることが多いからである。語りの形式そのものには、辞書に定義されているような意味は含まれていないが、聴き手や読み手の側は何らかの示唆や暗示をうけとっていることが多い。

④枠づけ機能

枠づけとは、ものの見方が特定の方向に誘導されることを指す。私たちは、社会的現実と向きあう際、何らかの認識枠組みをたよりに理解していることが多い（野口2002）。

たとえば、赤ちゃんがあやしても泣き止まないとき、子どもの世話をしたことがない人は、その理由が分からなくて困惑しがちである。これが保育者や家族などの養育者であれば、抱き上げて、目をあわせてあやしつつ、観察し、対応策を考え、働きかけるだろう。その際、参照するのが、この認識枠組みである。保育者を例にとれば、愛着理論など、専門的知識の埋めこまれた認識枠組みを参照しつつ、目の前にいる子どもと向きあっている。

保育者「最も信頼関係のあるクラス担任が不在であるため、クラス担任ではないS先生が代わりに入った。クラス担任と比べ、S先生の場合、Rちゃんの間に愛着関係が形成されていない。このためRちゃんは、不安で泣いているのだろう」

おそらくS保育者はこの解釈をもとに、Rちゃんの状態を理解し、何らかの対応策をとるはずだ。一方、専門的知識をもたない人の場合、次の例文のように考えるのではないか。

保護者「昨日も同じようにぐずり続けた。いろいろやってみたが、泣き止まなかった。最後に、どんぐりころころを歌ってみたら、ピタリと泣き止んだ。今日も、同じ歌を歌えば、機嫌がよくなるはずだ」

このようにナラティヴは、他者とのやりとりで用いられていると同時に、物事を考える際の認識枠組みとしても機能している。ブルーナーは、前者の例文を「論理科学様式の思考」、後者を「ナラティヴ様式の思考」として分類した（Bruner 1986=1998）。専門職の場合は、いわゆる専門的な知識や理論に基づいて思考することが多く、保育者の語りは専門的理論に基づいているために、ほかの子どもにもあてはまる可能性が高い。一方、そうでない場合は、身近な経験に依拠しがちである。後者の保護者が「どんぐりころころを歌うと、泣き止んだ」のは、おそらく偶然か、一時的な事象であろう。したがって、状況が変われば、このような対処ではうまくいかない可能性が高い。犯罪学者のマルナによれば、薬物依存などの常習的な犯罪者が、その状況から離脱するためには、やめたい気もちだけでは不十分で、「回復の脚本（redemption script）」によって筋だてられた自己物語（self narrative）によって支えられる必要があるものの、個人的な経験に依拠するがゆえに脆さを孕んだナラティヴをもとに認識枠組みが構築される（Maruna 2001=2011: 119-152）。

この認識枠組みとなるナラティヴは、自らの語りを再利用する場合もある一方で、既成の物語にあてはめる場合もある。たとえば、上記の保護者の場合「赤ちゃんは真っ赤な顔をして泣いた。お母さんは、笑顔でやさしくあやした」といったドラマなどの場面の記憶をもとに判断し、泣き続ける子どもにイライラしながらも、ひたすらあやし続けるかもしれない。自分の人生を左右するような重要な判断の際にも、いつどこで聞いたのか覚えていないストーリーの影響を受けていることもある。このように、ナラティヴによって知らず知らずのうちに支えられている一方で制約を受けていることも多い。この作用は、本書の事例からも見いだされるであろう。

（3）ナラティヴの水準

言語の様式としては、ナラティヴのほかに、詩、エッセイ、論文など、さまざまな種類がある。一口に「詩」といっても、短い素朴なものから長大な叙事詩に至るまで多様である。同様に、ナラティヴでも、聴き手を想定していないつぶやきから、万人の記憶に残る文学作品に至るまで、さまざまな水準がある。

ナラティヴをデータとして、実証的に分析を行おうとすれば、対象となるナラティヴがどのような種類なのか、どの水準でアプローチしようとしているのか明確にしておく必要がある。言語水準（出来事レベル／ナラティヴレベル／ストーリーレベル）、および、社会水準（ミクロレベル／メゾレベル／マクロレベル）の観点から整理する。

①言語水準

ナラティヴの言語水準は、組織化機能の作用の程度によって決定される（二宮 2014）。まず、ナラティヴの最小単位は、ある人物固有の経験を言語化した文である。つまり、この「出来事」が元素のような役割を担い、出来事レベルの言語水準が設定される。次に、この出来事が二つ以上つなぎあわされた場合、ナラティヴレベルの言語水準となる。これに、筋や文脈が加わり、意味づけられることによって、ストーリーレベルの言語水準となる。

図1–2に示したように、四層構造をもつナラティヴの言語水準は、ナラティヴ・アプローチを実施する際の分析視点としても利用することができる。すなわち、出来事レベルでのナラティヴ・アプローチの場合、人びとの体験はどのように叙述され、出来事として承認されるか、という問いがたてられる。たとえば、伊藤智樹は、パーキンソン病患者たちの身体的パフォーマンスに着目することにより、他者とのやりとりのなかで出来事が生成されるプロセスを記述した（伊藤 2012）。

ナラティヴレベルでは、各出来事はどのようにつなげられ、ナラティヴとして承認され、やりとり可能となるかという点に着目する。たとえば、荒井浩道は、社会的に排除されていた独居高齢者の語りをソーシャルワーカーが聴きとることにより、単なる「独り言」から「語り」へと移行させ、地域福祉における援助の対象へとつなげていくプロセスを描きだした（荒井 2014）。

ストーリーレベルでは、各ナラティヴはどのような意味づけをされ、物語として承認され、社会での流通が可能となるか注目する。ナラティヴ分析の先行研究の多くは、このレベルのナラティヴに照準しており、病いの語りの諸類型や社会的自我論では、ストーリー化される際の意味づけ方のタイプやその方法が問われた。さら

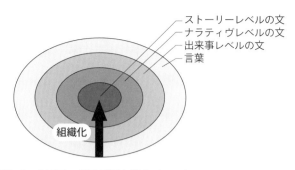

図1-2　ナラティヴの言語水準（二宮 2014）

表1-3　ナラティヴの言語水準と分析時の着眼点

言語水準	分析時の着眼点
出来事 レベル	・人びとの体験は、どのように叙述されることで、出来事として承認されるか？
ナラティヴ レベル	・各出来事は、どのようにつなげられることで、ナラティヴとして承認され、他者とのやりとりが可能となるか？
ストーリー レベル	・各ナラティヴは、どのような意味づけられることで、物語として承認され、社会での流通が可能となるか？ ・各物語は、どのように正当化されることで、逸話・民話・神話・歴史など、制度的なものとして承認され、社会秩序の成立／維持／変動に寄与するか？

に、本書で扱う範囲をはるかに超える分野ではあるが、ナラティヴの組織化がさらにすすみ、制度化された語りを対象に、物語はどのように正当化されることで、逸話・民話・神話・歴史など、制度的なもの（institution）として承認され、社会秩序の成立／維持／変動に寄与するか検討することもある。たとえば社会運動論では、運動団体の理念となる物語がどのようにして生成され、それが運動団体や世間でどのように流通し、その効果を発揮するかについて問われてきた（たとえば、Davis 2002）。

②社会水準

　次に野口裕二（2009）の分類を参考にしつつ、ミクロ、メゾ、マクロの社会水準に分けてのべる。

　ミクロレベルでは、個人によるナラティヴが扱われる。研究者によってさまざまな呼び方があるが、パーソナル・ナラティヴやパーソナル・ストーリー（たとえば、桜井 2012）と表記されることが多い。主に、自己物語やライフストーリーが分析対

象となる。

メゾレベルでは、集団のナラティヴが分析対象となる。一口に集団といっても、大小さまざまな規模があるが、学校や職場など、概ね構成メンバーを把握できる組織をイメージすると分かりやすいだろう。メゾレベルのナラティヴでは、その集団の価値や規範が、端的に示されていることが多いため、「モデル・ストーリー」ともよばれている（桜井 2012）。

マクロレベルでは、国家や伝統的な宗教（キリスト教・イスラム教・仏教）など、個人をはるかに超越した制度に基づく構成体が扱われる。かつて、近代と呼ばれていた時代には、ジャン＝フランソワ・リオタールが「大きな物語」と呼んだように、マクロレベルのナラティヴは、近代国家全体を覆い、人びとの深層意識まで根深く入りこんでいた[3]。近代日本でいえば、「立身出世」「滅私奉公」「良妻賢母」などのストーリーである。これらは、現在において、かつてほどの威力はなくなった。しかし、決して失効はしておらず、当の本人も意識しないまま、パートナーの選択などの重大な局面に、ふと顔を覗かせることがある。

このように、ナラティヴとは、さまざまなレベルの集団においても、相互作用の行為であり産物でもありながら、同時に、社会構造を支える役割もはたしている（Maines 2001）。ただし、ここで注意したいのは、個人／集団／制度それぞれが、ミクロ／メゾ／マクロの社会水準と必ずしも一対一で対応しているわけではないという点である。特に、ナラティヴの生成／維持／変動の局面では、水準間を推移する。たとえば、社会学者ケン・プラマーは、性にまつわる語り（Sexual stories）を例に挙げ、口に出すこともはばかられる状態であった20世紀中盤から、ラジオやTVでも積極的に取りあげられて共感を帯び起こすようになった現代に至るまでのストーリーの移行状態を描きだした（Plummer 1995=1998）。

もう一点、留意すべきは、あるナラティヴの成立において、より上位の社会水準のナラティヴが参照されていることも多いという点である。たとえば、「自分は何者か」という問いに対する答えとして、物語形式で表象される「自己物語」という個人レベルのナラティヴは、個々人が自らのアイデアだけで構成された完全にオリジナル作品として存在することはありえない。たとえば、専門職の場合、「白衣の天使」といったストーリーが参照されていることも多いだろう。無論、この「白衣の天使」の背後には、より上位のマクロレベルのモデル・ストーリーである「滅私

3　マクロレベルのナラティヴとして、「大きな物語」（Lyotard 1979=1986）、「ドミナント・ストーリー」（White & Epston 1990=1992）、「モデル・ストーリー」（桜井 2012）などがある。いずれも、認識枠組みを支配し、規範的に作用する。本節では、社会水準について述べているため、それぞれの概念の詳細には立ち入らない。

奉公」のストーリーが控えていることはいうまでもない。

（4）ナラティヴ・コンピテンスの発達過程

　これまで、子どもが語るナラティヴを研究対象とする場合、その多くは、言語発達過程に着目し、心理学的に検討されてきた。論者によってナラティヴやストーリーの定義に差異があるものの、以下のような知見が提示されている。

　ブルーナーは、晩年、新生児から成人まで幅広い年代を対象とするナラティヴ研究に取り組み、多彩な成果をあげた。本書が注目するのは、北米の中流家庭で育てられている2歳児エミリーが、就寝前のひととき、ベッドの中でつぶやいた独り言に基づく研究である（Bruner & Lucariello 2006）。以下、分析対象となった1歳半から3歳までのうち、2歳8か月時に録音されたデータの一部である。

　　あした、私たちがベッドから起きたら、はじめに私で、そしてパパで、そしてママで、あなた、朝ごはんをたべて、朝ごはんをたべて、いつもやっているように、そしてそれから。私たちはあ、そ、ぶ、の。そしてそれからすぐにパパがくるので、カールが来て、そしてそれからちょっとあそぶの。そしてそれから、カールとエミリーはふたりともだれかといっしょに車のところにいって、そして、私たちは保育園までのっていくの。そしてそれからそこについたら、私たちみんな車から降りて、そして保育園のなかにはいるの、そして、パパが私たちにキスをして、それからいくの、そしてそれからいうの。パパはバイバイっていうの、それからパパはおしごとにでかけるの、そして私たちは保育園であそぶの。それって、おかしくない？

　　　　　　　　　　　　　　　　　　　　　　　　（Bruner 1990=2016: 131–132）

　このようなナラティヴの形式的特徴の発達過程を追跡した結果、ごく幼い時期であっても「一般化されたコミュニケーションのスキル」が使用されていることが明らかとなった（Bruner & Lucariello 2006）。具体的には、「指示対象を推定しての共同的注意や、役割の交替、相互交換」のスキルである。

　ブルーナーは、このようなナラティヴの産出や運用にかかわる能力を「ナラティヴ・コンピテンス」呼び、「他の動物と異なり、人間にはナラティヴに関する中核的知識が、生得的に備わっているようだ」と感嘆した（Bruner 2002=2007: 42）。2歳から3歳くらいにかけて、出来事レベルやナラティヴレベルの発話が可能になることは、さまざまな心理学者による調査結果でも、言語の差異を超えて確かめられている（Peterson & McCabe 1983, Minami 2002）

　とはいえ、他者と共有可能な意味が含まれたストーリーレベルの発話が安定的に

産出できるようになるまでには、数年はかかる[4]。図1–2で示したように、ナラティ
ヴとストーリーとの間には段差がよこたわっているからである。親や保育者など養
育者ではない人が、幼児とやりとりした場合、意味の伝わるストーリーとして聴き
手側が了解できるようになるには、学齢期まで待つ必要があるようだ。たとえば、
南雅彦は、母親と子どもの語りあい場面を検討し、母親が聴き手となって、サポー
トしている状況を分析した。母親はあいづちを打つことで、出来事のまとまりを明
確にしたり、「それで？」などと、接続詞を入れることで、出来事をつなぎあわせ
たりしていた（南 2006）。このように、幼児のナラティヴ・コンピテンスの研究で
は、大人からのサポートも分析対象に組みこみ、相互作用的観点からもアプローチ
している。

2　分析手法の種類と変遷

(1) ナラティヴの内容から形式へ

　社会科学では、これまでも、手紙や日記などのドキュメントを入手したり、イン
タビューによってデータを収集したりするなど、さまざまなナラティヴを分析対
象としてきた（Plummer 1983=1991, Znaniecki 1934=1971）。社会学の古典的なモノグラフ
を例にとれば、フロリアン・ズナニエツキらは、19世紀のポーランドからの移民
が、家族とやりとりした約300通の手紙を分析することで、家計状態や親族関係な
ど、当時の移民の生活状況を写しだした（Thomas & Znaniecki 1958=1983）。また、クリ
フォード・ショウは、少年院に措置されているジャック・ローラーという青年に依
頼して、生いたちをたどった手記を作成してもらい、非行少年をとりまく社会的世
界の可視化をこころみた（Shaw 1930=1998）。今でも、これらの文献から学ぶところ
は多い。しかしながら、私たち読者が、語り手をとりまく世界そのものに、直接触
れることはできないのである。
　近年では、「自己（self）」について検討する際、個人史などのドキュメントや、イ
ンタビューで聴取したライフストーリーが用いられることが多い（Plummer 2001）。
自己とは、ストーリーの形式で認識されており、これを語りによってデータ化し、

---

4 保育園に在籍している4～6歳の幼児を対象に、ファンタジーなど、さまざまな物語様式の産出能力に
　関する心理学実験がなされている（内田 1996, 西川 1995）。被験児の対象年齢が狭く、ナラティヴの定
　義も論者によって異なるものの、4～6歳ごろに物語産出能力が飛躍的に向上するという点は一致して
　いる。

分析することは可能である。その結果、「恥の多い生涯を送って来ました」（太宰治）など、自己に関する意識をある程度まで可視化することはできる。ただし、これは自己そのものではない。浅野智彦が巧みな比喩で説明したとおり、玉ねぎの皮をむくように、語りによって自己意識を抽出し、そこから自己に向かって迫っていったところで、核心部分には何も残っていないのである（浅野 2001）。つまり、私たちが、社会的現実に直接的に触れることは、原理的に不可能なのである。

　しかし、社会的現実そのものを捉えることはできなかったとしても、その構造などを形式的特徴として把握し、記述することは可能である。つまり、「言葉によって社会的現実は構成される」という社会構成主義の主題を、「社会的現実に関する認識は、ある言語的形式が、どのように用いられることによって構成されるのか」という問いに変換するのである。

　本書で着目するナラティヴは詩や論文などさまざまな種類の文章のうちの、一つの形式である。各形式では、それぞれに固有の成立条件と使用ルールがあるため、これに対応するかたちで、社会的現実のありようも規定される。ナラティヴの言語様式をもつデータの場合は、そのナラティヴの形式に着目し、「社会的現実（たとえば、自己、病い）に関する認識は、ナラティヴが用いられることによって、どのように構成されるのか」と問うことで、人びとが日常的に用いているナラティヴから、研究課題となる社会的現実の輪郭をつかむことが可能となる。

(2) ナラティヴの内部から外部へ

　実証研究の場合、インタビューにせよ、アンケートにせよ、ある程度の量の標本を収集すれば、それらのデータのなかから何らかの共通する特徴、いわゆるパターンが見いだされることが多い。ナラティヴ分析では、このような特徴を「ジャンル」あるいは「類型」と呼ぶ。先にガーゲンの図（図1-1）や、フランクによる「病いの語り」への三つの類型（表1-1）など示したが、そのほかに、さまざまな種類のジャンル分析の蓄積があり、日本における代表的な分類をあげる。

　門林道子は1995 ～ 2005年に出版された「がん闘病記」100冊を分析した。フランクの3類型である、病いの経験に対して自分なりの意味づけを試みた「探求の語り」や「回復の語り」、語りそのものが成立していない「混沌の語り」のほか、新たな類型として「衝撃の語り」「達観の語り」が示された。闘病記の執筆者たちは、治療に励んでも完全治癒の状態に至るとは限らないため、死を意識しながら書きつづる。そのため、「探求の語り」をつきつめた結果として、がんという病いに罹った現実を受けとめ、やがて訪れる肉体的な死を超越することを志向する「達観の語り」が現れる（門林 2011）。中村英世は元拒食症患者の語りをもとに、専門家の

治療の結果としての回復ではなく、当事者主導で日常生活のなかで達成する「回復の語り」を見いだした（中村 2011）。さらに、伊藤智樹は、アルコホリズム・吃音・パーキンソン病・ALS（筋萎縮性側索硬化症）などさまざまな自助グループでのフィールドワークをもとに、患者自身によって病いあるいは障害特有の生き難さと向きあうために紡ぎだされた声を聴取した（伊藤 2005, 2009, 2010, 2012, 2013, 2021）。

　学校教育分野のアクションリサーチとして、杉原倫美は、総合高校および商業高校の生徒を対象に進路に関する語りをインタビュー形式で収集し、進路意識の低い生徒の語りとそうではない生徒の語りの構造的特徴を抽出し、その違いについて比較している（杉原 2007）。生徒たちが自分の将来について語る際に、過去・現在・未来のいずれを重視しているのか、そして、語りの時間軸において、どのような将来への見通しをつくりあげていくのか、という点に注目して分析をした。その結果、現在の自分の状態を起点に据える「現在起点タイプの語り」、幼い頃からの自分の経験とのつながりを重視する「過去起点タイプの語り」、学校卒業後につきたい職業をあらかじめ設定する「将来起点タイプの語り」の3類型が探りだされた。進路意識の低い生徒においては、前二者のタイプの語りが圧倒的に多く、予想される未来の自分の姿を自分自身の言葉で説得的に描きだすことは困難であった。この研究では、通常の質的研究のようにナラティヴの内容に注目するのでなく、あえて構造的特徴にアプローチすることで、マジョリティの語りとマイノリティの語りの違いが可視化され、結果的に、それまで見えにくかったマイノリティの語りの内容的特徴までも明確になった。教室では周縁に追いやられがちな生徒たちのふるまいを理解するための糸口を見いだしたのである。

　このように、分析対象が、おとぎ話でも、井戸端会議での無駄話であっても、ナラティヴは観察可能な形式を有しているため、その形式上の特徴を探究することにより、語られた言葉から語り手の認識枠組みに迫っていくことができる（Bruner 2002=2007, Gubrium & Holstein 2009）。

　ただし、ジャンル分析にせよ、ラボフ・ワレツキー・モデルにせよ、従来のナラティヴ分析の対象では、アウトプットされた産物に限定されていた。ナラティヴには、物語という産物的側面と同時に、語りという行為的側面も有しているが、従来型のジャンル分析では、後者の行為的側面までアプローチすることができなかったのである。ナラティヴの基本的特徴として、相互作用的性質が挙げられることが多いにもかかわらず、実際のデータに対して分析が及ぶ範囲は、物語の内部組織までに制限されていたのである。

　このような限界を乗り越えるための方策について、本書では、二つの試みをおこなう。一つは、ナラティヴのメディアに着目することであり、もう一つは、ナラ

ティヴを産出する際の行為のプロセスも分析範囲に入れることである。

　一つめのメディアについていえば、近年、ICT 技術の発達により、距離にかかわりなく、即時にテキスト状態のメッセージをやりとりすることも可能となった。約100 年前に交わされたポーランドからの移民とその家族とのやりとりの場合、移民先の北米からポーランドまで、郵便物が届くまでに膨大な時間がかかっていたため、独白のような形式の語りが分析対象となった（Thomas & Znaniecki 1958=1983）。しかし、メールや SNS ならば、即時に返信されることが期待されるため、会話に近い形式の語りとなるであろう。本書では、メールや SNS ほどの迅速さはないものの、保育者－保護者間で毎日、一定量のメッセージがやりとりされる「連絡帳」というメディアに注目し、相互作用プロセスを検討する（第 2 章）。

　もう一つについては、発話が産出される際に、語り手側のテクストだけでなく、テクスト以外の情報や聴き手側の情報も分析に組みこむことが考えられる。テープレコーダーという安価な録音機器が普及することで、インタビュー研究がさかんになったように、デジタルカメラやビデオカメラの普及により非言語的な情報もデータとして収集して分析することが、比較的容易なものとなりつつある。こうした機器も活用しながら、対面での物語り行為をデータと収集し、ナラティヴ分析をおこなうことで、新たな知見が導き出せるであろう。本書では、子どもが過去の出来事を題材にして描いた線描画をはさんで保育者とやりとりする様子をデータとして収集し、語り手である子ども側の発話だけでなく、表情や身ぶりなどの非言語的情報のほか、聴き手側のナラティヴも視野に入れ、パフォーマンス的ナラティヴ分析をおこなう（第 4 章）。

（3）単一の声から多声性へ

　言語芸術においてはさまざまな形式があり、印刷技術などテクノロジーの発達とともに、「声の文化（orality）」から「文字の文化（literacy）」へと移行してきた（Ong 1982=1991）。その変遷のなかで、ナラティヴは、アリストテレスが論じた叙事詩から、練りあげられたプロットと緻密に構成された小説に至るまで、形態を変えながらも、それぞれの時代において存在感を示していた。どの時代においても、それぞれのメディアのもつ力を最大限まで引き出しつつ、共存してきたのである。本書のフィールドである保育実践現場においても、この「声の文化」と「文字の文化」は、ともに生きている。

　「声の文化」では、自分たちの知識をまとまりあるかたちで保存し、これを伝達するために、ナラティヴが使用されてきた。多くの民話がそうであるように、印刷技術が未発達で、書き言葉が身近に存在していない場合、その地域の文化や習俗は、

口伝えで語りつがれてきた。また、書き言葉を習得していない幼い子どもの場合も、2歳児エミリーのベッドのなかでのつぶやきや、保育者とともに出来事をふりかえりながら生活場面を描きだす子どもたち（第4章）のように、日々経験している日常の出来事を自分なりに整理するために、ナラティヴを使用している。

「文字の文化」という観点からみれば、保育者–保護者間のやりとりでは、さまざまなメディアが使われており、これに応じた文体やメッセージが展開されている。主だったメディアとしては、連絡帳、おたより（通信）などがあり、本書第2章や第3章で、分析対象として取りあげている。口頭でのやりとりと比べれば、連絡帳やおたより上で書き言葉をつづる作業のほうが手間のかかることが多い。また、対面でのやりとりと異なり、相手との距離があるということが、書くという行為をさらに内省的なものとし、メディア固有の形式の影響を受けやすいものにする。あいさつや天気の話などの儀礼的な会話のように、「声」をそのまま口にするのとは異なり、メディアにおさまるように編集する作業が新たに加わる。

「声の文化」にせよ「文字の文化」にせよ、ある経験が出来事へと変換され、ナラティヴとして産出されるまでの間に、さまざまな「声」が響きあい、共存することもあれば、時には争いが生じたり、抑圧されたりすることもある（伊藤 2009, 野島 2018）。アーサー・フランクが「病いの語り」の一つとして挙げた「混沌の語り」も多声性を特徴としている（Frank 1995=2002）。ただし、先行研究において、このような複数の声に着目する試みは、分析手法の限界につきあたってきた[5]。本書では、このような多声性を分析する手法として、多声的ナラティヴ分析を開発することにより、同じ出来事に対して、聴き手やメディアの違いによってどのような違いがもたらされ、どのような効果をもたらすのか検討をする（第3章）。

（4）ドキュメントからフィールドへ

ラボフ・ワレツキー・モデルにおいては、ナラティヴの内部構造を分析するには適しているものの、そのナラティヴが産出される文脈までは射程に入れることができなかった（Patterson 2008）。このような方法論上の限界を乗り越えることを目指して、物語り行為のプロセスとこれをとりまく状況をつかみだすための方途が探索されている。

社会学者のジェイバー・グブリアムとジェームス・ホルスタインは、ナラティ

---

5 学術研究では多声性が検討される機会は少ないものの、実践現場では、コンフリクト・マネジメントの分野において、医療事故やいじめなどの調停方法として、ナラティヴ・アプローチが注目されている（和田・中西 2011, Winslade & Williams 2012=2016）。当事者間の関係性に着目し、新たな語り（alternative story）を促す点が共通している。

ヴを紡ぎ、織り上げていくことで構成される社会的世界について、まるごと把握するための分析方法としてナラティヴ・エスノグラフィーを提唱した（Gubrium & Holstein 2008, 2009）。

　伝統的なエスノグラフィーは、「自然主義」と呼ばれてきたように、人びとのありふれた日常生活をできるだけ自然な状態のまま観察し、その世界を「ありのままに」描写することを目指してきた（Lofland & Lofland 1995=1997, Hammersley & Atkinson 2007）。一方、私たちが住む世界を社会的に構成されたものとして捉えるナラティヴ・エスノグラフィーでは、言語の一つの形式であるストーリーが生成／維持／変容するための諸資源が埋めこまれた場である「ナラティヴ環境（narrative environment）」と、これに対する人びととの相互作用に着目することで、調査対象となったフィールドにおける社会的現実が言語的に生成／維持／変容されるプロセスを探究する[6]。

　これまでのナラティヴ分析の多くは、社会問題をめぐる世論（たとえば、瀬戸 2001）やインタビューで収集された語り（たとえば、Riessman 1993）に対して、その形式を探り、その構造的特徴や機能的特徴を見いだすことに努めてきた。しかし、人びとによって語られたナラティヴを探究しただけでは、ナラティヴ実践によってどのように世界が構成されるのかという問いには十分に答えられない。なぜならば、分析対象であるナラティヴから出来事に対する語り手自身の解釈を読みとることはできるものの、そのナラティヴで言及されている出来事をめぐる相互作用プロセス自体を直接的に読みとることは難しいからだ。フィールドで収集されたナラティヴそのものから、それが世界の構成とどのように関係するのか、相互作用的に説明するのはきわめて困難なのである（Gubrium & Holstein 2009）。

　ここから、ナラティヴ実践の記述にあたり、ナラティヴだけではなく、その場の状況も視野に入れた研究課題が設定される。人びとがどのように環境に働きかけた結果、ナラティヴが紡ぎだされ、世界を構成していくのか？　ナラティヴ・エスノグラフィーとは、この問いに答えるために、ナラティヴ実践により構成されたナラティヴ環境とその条件依存性への統制を明らかにする研究方法である（Gubrium & Holstein 2008）。

　ナラティヴ環境における相互作用では、会話のようなマンツーマンの直接的なや

6　グブリアムらが提唱するナラティヴ・エスノグラフィーと混同されやすいものとして、著者自身の内観に焦点をあててエピソードを中心に記述する質的分析の手法（たとえば、Ellis 2004）や、フィールドノーツやエスノグラフィーの文体がナラティヴの様式をとるという議論（たとえば、Emerson, Fretz & Shaw 1995=1998, Bruner 1997）がある。また、グブリアムらとは異なる研究視座にたつ分析手法ではあるが、フィールドの人びと自身によって語られた主観的な言葉を周囲の状況とともに丁寧に記述する研究方法を、ナラティヴ・エスノグラフィーと呼ぶ場合もある（たとえば、Tedlock 2017, 牧野 2013）。

りとりもあれば、ナラティヴの資源が環境内に埋めこまれ、語り手がその資源を活用するかたちでナラティヴが産出されていることもある。後者の例として、よく取りあげられるのが、アルコール問題に取り組む自助グループである「アルコホリクス・アノニマス（AA）」や「断酒会」である（たとえば、伊藤 2009, 野口 1996）。それぞれの団体や例会によって差異はあるものの、おおまかな流れは次のようになる。当事者がボランティアとして運営し、定期的に開催される例会では、カウンセリングや治療など、専門職による介入はなく、決められた時間に会場に集まって、エピソードを披露する。いわゆる「言いっぱなし、聞きっぱなし」の状態で、アルコール問題にまつわる日常生活上の出来事が淡々と報告されるだけである。一見、何のしかけもないようにみえるが、ナラティヴ環境には、さまざまな資源が埋めこまれており、語り手はこれを活用しながら「かつてはコントロールが利かなかった自分」「今日までは何とか呑まずにいる自分」について語る。例会で、このような語りを披露したり、仲間の語りを聴いたりすることで、アルコールの誘惑と果てしない戦いの日々をふりかえったり、これからの見通しを探ったりしている。

　社会的自我論の分野でも、語り手の自我の再構成が促されたり、方向づけられたりするプロセスをエスノグラフィーで探っている。たとえば、菊池裕生は、新興宗教の大会に向け、信者たちが自らの信仰を論題とする原稿の推敲プロセスに着目したフィールドワークにより、語り手が聴衆の反応を意識することで、信仰をめぐる語りが変容し、教団内で承認されるような宗教的自己を反映した語りへと書き換えられていく様子を明らかにした（菊池 1998）。東村知子は、障害のある幼児の通園施設（児童発達支援センター）において、母子指導を受けている保護者たちが、卒園児の保護者のライフストーリーを聴くことを契機として、障害をもつ子どもを育てている母親同士という仲間意識や連帯感が芽ばえる過程を報告した（東村 2005）。

　社会運動におけるナラティヴの役割についても、さまざまな実証的に調査されている（Davis 2002）。フランチェスカ・ポレッタは、4名のアフリカ系大学生によって学生食堂の白人優先席で始められた「座りこみ運動」が、サークルの会報・新聞・ラジオなど、ローカルなものから全国レベルに至るさまざまな公共メディアを通じて、メゾレベルからマクロレベルの流通経路へと移行し、最終的には、全米を揺るがした公民権運動を支える物語へと統合されていくプロセスをあらわした（Polletta 2006）。また、青山陽子は、被差別集団による「異議申し立て」が物語的に構成され、マクロレベルで流布するようになるまでのプロセスを記述した。緻密なフィールドワークを通じて、ハンセン病患者の集団訴訟の拠り所となった「被害の語り」が、弁護士らのサポートのもとで、どのようにして形成され、世間で承認されるようになったのか、明らかにしたのである（青山 2014）。

対人援助の実践現場では、支援者やメンバー自らがナラティヴ・アプローチと認識しないままに、支援技術としてその分野特有のナラティヴ環境を活用していることもある。ドニリーン・ロゼクは、ドメスティック・バイオレンス（DV）の自助グループで参与観察を行い、被害者の女性の語りにファシリテーターが介入し、自助グループにおいて望ましいとされる語りへと方向づけることで、単なる家庭内のトラブルの描写にすぎなかった語りが、自らをDV被害者として位置づける語りへと生まれ変わっていく相互作用プロセスを見いだした（Loseke 2001）。仲野由佳理は、更生保護施設でのインタビューをもとに、少年院における矯正教育プログラムのなかで構成された自己物語が、社会への移行のステップとして入所した更生保護施設の約4か月に及ぶ入所期間中に、揺らぎが生じるプロセスを描きだした。（仲野 2018）。また、野辺陽子は、特別養子縁組による「多様な親子」と向き合う際に、支援者側が「成長のストーリー」や「愛情のストーリー」を無自覚のうちに参照していることを指摘している（野辺 2020）。

　教育や福祉分野におけるナラティヴ環境の例としては、北米の幼稚園や小学校でリテラシー教育の一環として行われている「お話の時間（sharing time）」活動がある（Cazden 2001）。この活動では、子どもがクラス全員の前で、一人ずつ、放課後の家で起きた出来事を物語る。その際、エスニシティや階層に起因する語り口の差異が現れるが、これに対し、聴き手となった教師たちは、質問やコメントを駆使することで、教育的な観点において適切なものとなるよう働きかけている（Michaels 1981, Tannen 1982, Tsai 2007）。このような直接的な援助のほかにも、さまざまな語り口のバリエーションを供給する図書コーナーやくつろいで語るためのソファやラグなど、ナラティヴ環境も整備されている。こうした配慮のもとで、子どもたちがコーナーで遊んだり、さまざまな活動をしたりするうちに、やがて子どもたちの口からナラティヴが紡ぎだされるようになっていくのである。

　本書第5章で取りあげる創作劇活動は、その集大成として位置づけられる。保育者たちがどのようなナラティヴ環境を構成し、援助技法を駆使して援助するのか、その援助プロセス着目し、ナラティヴ・エスノグラフィーにより検討する。

（5）量と質の対立から混合へ

　日常生活でも「～という出来事がX回あった」といった言い回しがあるように、ナラティヴは数量的に扱うことができるが、ナラティヴ分析の場合、質的な面が注目されがちであった。特に、日本では、統計も駆使した仮説検証型のナラティヴ分析は皆無といってもよく、海外文献の紹介も、これまでほとんどなされなかった。ただし、海外のナラティヴ・アプローチを用いた学術論文でも、社会学者のアンド

リュー・アボットの「ナラティヴ実証主義（narrative positivism）」（Abbot 2001）に代表される仮説検証型の研究と、フランクの「病いの語り」（Frank 1995=2002, 2010）に代表される解釈的な研究は、分断された状態にある。ここでは量的なナラティヴ分析な主だったものをレビューしたうえで、量的なナラティヴ分析と質的なナラティヴ分析の関係について考察したい。

　ナラティヴの量的側面に注目した研究は1980年初頭にはすでに開始されていた（たとえば、Abbot 1983）。論文タイトルにナラティヴ・アプローチと掲げられてない論文が多いので見落とされやすいが、歴史社会学の領域では数理モデルを駆使した演繹的な量的ナラティヴ分析がなされてきた。

　アボットは、「出来事構造分析（event structure analysis）」（Heise 1989）や「比較ナラティヴ分析（comparative narrative analysis）」（Abell 1993）を発展的に統合して、歴史上の事件として記述されるさまざまな出来事間の連鎖パターンをもとに構成された仮説モデルを活用する研究方法を提案し、このような立場をナラティヴ実証主義と名づけた（Abbot 2001）。

　通常、歴史学においては、その分野に精通した研究者が、歴史上の出来事や事件にまつわる資料を解読し、それらのつながりについて解釈し、論述することを通じて、学術的な記述を完成させる。このような論理実証主義的な歴史観とは異なったもう一つのパラダイムであるナラティヴ実証主義では、諸々の出来事間の時間的な連鎖パターンを数理モデルによって仮説的に提示したうえで、コンピュータ上のプログラムに実在の出来事や反証事例などを投入して演算処理を行い、それが歴史的出来事として必然的なものか、それとも偶発的なものにすぎないのか検証する「最適適合分析（optimal matching analysis）」をおこなう（Abbot & Forrest 1986）。その結果、素朴な見方からは偶発的な事故とされがちだった各事件が、固有の連鎖規則を有するエピソードの集合として組織化され、歴史上の出来事として位置づけることが可能となる。

　ナラティヴ実証主義に立つ量的なナラティヴ分析の対象としては、18世紀のドイツにおける専門職化運動（Abbot & Hrycak 1990）や、イタリアのファシズム（Franzosi 1989）、アメリカ南部における人種差別事件（Griffin 1993）など、さまざまな歴史上の事件が扱われてきた。

　具体的な分析手順としては、新聞記事などのドキュメントを対象に、「記述された出来事がどのようなつながりで配列されているか」に着目し、ダイアグラム、クラスター、ネットワークなどの形式の数理モデルに変換する。たとえば、「出来事構造モデル（event structure model）」では、アメリカ南部におけるアフリカ系アメリカ人のリンチ事件にまつわる当時のさまざまな記事をデータとして、量的に解析し

た結果、これらの事件が決して被害者の個人的要因や偶発性だけで説明されるものではなく、当時の社会状況において起こるべくして起こった人種問題として、歴史的に記述できることが立証された（Griffin 1993）。

　その他の分析方法として、ジェーン・エリオットは、ライフコース研究分野で、公的機関によるパネル調査や追跡調査のアーカイブを活用し、入職から離職までの経緯など、さまざまな出来事の時間的経過に関するデータ（event history data）に対し、量的ナラティヴ分析をおこなうことを提案している（Elliot 2005）。また、ロベルト・フランツォージは、ドキュメントを構成する出来事を記した各センテンスの連鎖上のルールを解析する物語文法分析と、そのためのさまざまなプログラムを開発している（Franzosi 2010, Franzosi 2012）。

　これまで述べてきたように、量的なナラティヴ分析の知見も豊富に存在しているものの、両者の間には、深い亀裂があり、その研究成果を参照しあうことは少なかった[7]。量と質の分断の問題については、ナラティヴ・アプローチだけでなく、研究方法全般にもあてはまる。この問題について、社会学者アラン・ブライマンは、量的な研究にせよ質的な研究にせよ、最終的に研究成果の一般化を志向している点は同じであり、かつ、論文レベルでは方法論的に共通する部分が多いことを指摘した。量的研究と質的研究の違いについて、認識論の問題としてではなく、調査方法上の技術論的な問題として捉え、研究目的にあわせて調査方法を選択し、場合によっては、両者を組みあわせた混合研究法を採用することを提案している（Bryman 2012）。

　混合研究法では、その認識論的立場として、研究方法を、問題意識に対して調査結果を適切に示すための技法として位置づける（Bryman 1988）。調査方法の違いを、社会的現実を把握するうえでのデータ収集や分析の仕方の相違、あるいは、調査結果を提示するうえでのレトリックの相違と見なして、それぞれの調査方法の強みを生かしながら分析方法を選択し、必要であれば、量的調査と質的調査を混合するのである。

　以上のブライマンの見解は、ナラティヴ・アプローチにも適用しうる。量／質の違いや分析対象にかかわりなく、ナラティヴの形式やつながりに注目するという点は共通するからである。もともと、ナラティヴの最小単位である出来事自体が、一つ二つと数えられる量的な性質をもっている。したがって、出来事の組みあわせによって成り立つナラティヴは、質あるいは量のいずれの観点からもアプローチ可能

---

[7]　ホルスタインとグブリアムの編集により、2012年にさまざまなナラティヴ分析を紹介するテキストが公刊された（Holstein & Gubrium 2012）。学際的かつ量的分析と質的分析の双方について両論併記のアンソロジーは、本書が初めてである。

である。そこで、本書では、質的な分析をベースとしつつ、量的な分析を加える「質的分析主導型混合研究法」を用いる。

第2章
対話的ナラティヴ分析
連絡帳研究

1　連絡帳のナラティヴ特性

(1) 保育者－保護者間の相互作用と信頼

保育園に通う1歳児アスカちゃんの連絡帳に記載されたやりとりである。

> 保護者「仕事から帰るとき、家にtelしますが、その時にアスカが出てきて『マ
> マー、○△◇×…！』としゃべり続けて、切ろうにも切れないときがあります。
> しゃべり出したら、（三姉妹のなかで）一番おしゃべりになりますかねぇ…」
> 保育者「いろいろなことに興味のあるアスカちゃんだから、きっとたくさんおしゃ
> べりがしたいのだと思います。おうちの中がにぎやかでいいですネ。今日は散歩
> から帰ってから15分くらい水遊びをしました。ホースは一人用のプールの中に
> 入れておいてほしいと要求し、一人で、お水のたっぷり入ったプールにつかって
> 満足、満足のアスカちゃんでした」

　このように、保育者と保護者との間で毎日やりとりされる連絡帳には、事務連絡
や、その日の出来事の伝達だけとどまらず、さまざまなメッセージがこめられてい
る。保育園では、保育者の勤務時間は変則的であるため、多くの保護者は、毎日、
わが子のクラス担任と対面でやりとりすることはできない。このため、連絡帳は、
重要なコミュニケーション・ツールとなっている。
　保育者たちは、毎日、子どもたちが午睡をとっているかたわらで、子どもたち一
人ひとりの連絡帳を書きつづり、夕方、迎えにきた保護者に渡す。保護者は翌日、
連絡事項や家での出来事を記入し、登園時に提出する。保育園では、クラス担任は
複数名いることが多く、担任が一人だったとしても、変則勤務であるために、ほか

の保育者が代替として入り、連絡帳もそのまま担任以外の保育者が書くことが少なくない。通常、クラスに入った保育者は全員、そのクラスの子どもの連絡帳はすべて目を通し、記載内容を確認する。また、保護者側も、母親以外の家族メンバーも一緒に読んでいることが多い。つまり、連絡帳とは、特定の二者間でメッセージ交換される「電話線」のイメージよりも、むしろ、連絡帳の持ち主の子どもを中心としつつ、さまざまな人びとが対話に参加するネット上の「掲示版」のアナロジーでとらえられる。

　連絡帳では、園と家庭の出来事をもとに「子育ち」「親育ち」のナラティヴが、日々、繰り広げられている。なかには、最低限の連絡事項しか書かない保護者もいるものの、育児と仕事との両立で忙殺される状況下にあるにもかかわらず、日常生活のエピソードが綿々と書きつづられ、その行間からは思いがにじみ出てくるような筆致で紙面が覆われていることが多い。保育者たちは、保護者が「親」として「子育ての物語」を展開していくうえで、よき対話の相手となる役割を担うことが期待されていることがうかがえる。

　先行研究では、やりとりされるメッセージ内容の変容プロセス（林 2015）、保育者が駆使しているコミュニケーション技法（高・若尾 2015, 下尾 2013）、連絡帳が子育て支援において果たすさまざまな役割（丸目 2018, 伊藤 2017）について検討されており、保育者–保護者間の連携を深めるうえで重要な役割を果たしていることが明らかにされてきた。

　『保育所保育指針』（厚生労働省 2017）でも、子育て支援の実施にあたり、連絡帳などを活用して、保育者－保護者間の相互理解を深めるよう求められている。

　　　「日常の保育に関連したさまざまな機会を活用し子どもの日々の様子の伝達や収集、
　　　保育所保育の意図の説明などを通じて、保護者との相互理解を図るように努めること」（下線は筆者による）

　ここで、気にとめなければならないのは、お互いに対する理解が、どのような関係性のもとでなされているのか、という点である。『保育所保育指針』は次のように述べている。

　　　「保護者に対する子育て支援を行う際には、各地域や家庭の実態を踏まえるとともに、保護者の気持ちを受け止め、相互の信頼関係を基本に、保護者の自己決定を尊重すること」（下線は筆者による）

保育園における子育て支援では、保育者に対し、「保護者との相互理解」や「相互の信頼関係」を基盤に、個々の家庭状況に合わせ、保護者の気持ちを受けとめつつ、保護者の自己決定を尊重したうえで、「保護者が有する子育てを自ら実践する力の向上に資する」ように支援することを規定している。いわゆる託児サービスとは異なり、消費者が支払った費用に見合うサービスを提供すればよいというものではない。また、保育者と保護者との人間関係とは、家族や友人などの個人的なつながりではなく、児童福祉法のもとで子育て支援として展開される制度的な側面をもつことから、保育者が書いた文面には、専門職としての知識や技術が深く埋めこまれている。

　一方、保護者にとって、「相互理解」「相互の信頼関係」には、どのような意味があるだろうか？　連絡帳の内容として、体温や排せつなどのバイタルサインの記録や持ち物のお願いといった業務連絡のみの場合もあるが、多くの連絡帳には、家庭での細々としたエピソードが書きつづられている。その筆致からは、引き継ぎや連絡にはとどまらない重要な役割があると推測される。保育者を対話の相手として、家庭でのわが子の姿を描写することで、自らの育児行為を意味づけ、「自分はこの子の親として、どのようにありたいのか」と模索し、「親」としての自己物語を紡ぎだしていく。このとき、語り慣れた保護者であれば、次々と話を展開していくこともできようが、そうではない保護者もいるはずである。このとき、聴き手である保育者は、ただ「聞く」だけでなく、「聴く」ために、さまざまな配慮を行っている。細々とした配慮が埋めこまれた対話が実り豊かなものであると保護者が感じたとき、信頼が芽生え、その集積として「このクラスの先生たちとは信頼関係がある」と実感するようになるのであろう。社会学者アンソニー・ギデンズが指摘したとおり、現代社会における専門職に対する信頼とは「所与のものではなく、精を出して獲得すべきもの」なのである（Giddens 1991=2005）。

　実際、保育現場では「○○先生とは信頼関係があるから……」「このクラスの先生たちはすごく信頼できる」といった言葉をしばしば耳にする。この「信頼」という言葉は、保育者−保護者の人間関係の状態を表示するだけではなく、保護者側から専門職に対する評価としても用いられており、厳密にいえば「信頼性（trustworthiness）」に相当する（小山 2018）。保護者が口にした言葉自体は漠然としていることが多いだろうが、「信頼できる」という感覚をもたらすさまざまな要因を、相互作用の文脈から抽出することができれば、よりよい援助関係の構築に向けた足場となるであろう[1]。

1　哲学・社会学・行動科学など学際的に探究されている信頼論においては、信頼の基盤に相互作用が存在することがくりかえし指摘されている（たとえば、小山 2018）。

そこで、本章では、保育者－保護者間という制度的な人間関係における信頼性構築のメカニズムについて、ナラティヴ・アプローチによって可視化することを試みる。保護者による信頼への表明を、ナラティヴ分析における指標として採用することにより、信頼度の高いクラスにおけるナラティヴの形式的特徴の比較が可能となり、保育者－保護者間の信頼関係の形成と維持において、ナラティヴがどのような機能を果たしているのか検討することが可能となる。

　以上より、本研究では、保護者による、在籍していたクラスに対する信頼度評価をもとに、高信頼クラスと低信頼クラスに分類し、対話的ナラティヴ分析により（二宮 2010）、その差異をもたらすさまざまな要因を比較しながら検証する作業を通じて、保護者からの信頼をもたらす連絡帳の書き方について明らかにすることを研究目的とする。

（2）フィールドの特徴

　ローデータとなる連絡帳の収集にあたり、子どもを保育園の0歳児～5歳児クラスに3年以上通園させた経験のあること、クラス担任と対面のやりとりの機会が少ないこと、すなわち保育時間が10時間以上あるいは保護者以外の人による送迎という二つの条件を満たす保護者に協力依頼した。提供者は8名でそれぞれ居住地域や通園先は異なる。その子ども14名の名義となる連絡帳をクラス別にカウントしたところ、のべ33クラスとなった。このうち連絡帳上に保護者のナラティヴがほとんど存在しない7クラスを除去した。その結果、保護者が自由記述欄に伝達事項（例：月謝袋をはさみます／受領しました）や、儀礼的あいさつ（例：昨日はお疲れ様でした）しか書いておらず、保護者自身の出来事や経験に関する記述がほとんどないクラスは除かれ、研究対象は26クラス分の連絡帳となった。

　対象となった時期は9月から10月にかけての平日である（1か月あたりの記述日数が10日以下のクラスは11月ないし12月を対象とした）。体調不良による欠席が少なく、クラス運営も軌道にのって落ち着いているため、この時期が選ばれた。

　まず、分析対象となるクラスの選定のために、クラスごとに連絡帳を執筆した主な保護者にインタビューをおこない、信頼性の判定とその根拠およびクラス担任たちとの相互作用に関するエピソードを聴取した。信頼の判定の際には「クラスの先生たちとの1年間のやりとりをふりかえってみて、どのくらい信頼していたと思いますか？」と尋ね、「A：非常に信頼していた」「B：概ね信頼していた」「C：あまり信頼していなかった」「D：全く信頼していなかった」から選択してもらった。

　根拠を聴取した理由は、単に保護者に信頼の判定を求めるだけでは、その根拠が、設備やカリキュラムなどの制度か、あるいは保育者との日常の相互作用に基づくの

表2-1　分析対象クラスの概要および1日の行数の平均

	ケース	学年	性別	主な執筆者	担任数（人）	ノート様式	保護者側（行）	保育者側（行）
高信頼クラス	ハルカ	2	女	母	4	自由	9.9	6.5
	アスカ	1	女	母	3	自由	4.6	7.3
	リョウ	0	女	父と母	3	記述欄	5.9	8.1
低信頼クラス	ミク	2	女	母	3	記述欄	4.6	5.3
	ハルカ	1	女	母	2	記述欄	9.9	6.2
	ケンシ	0	男	母	3	記述欄	4.1	6.1

注) 学年は「～歳児クラス」と表記することが多い。行数の算出方法は本書第2章第2節を参照。

か、不明だからである。根拠の説明に加えて、相互作用に関するエピソードの提示も求めた理由は、どの保護者も信頼を判定したり、エピソードを語ったりすることはできたが、信頼の根拠の説明については論理性や明瞭さのばらつきが非常に大きく、全く語れない人もいたためである。

　信頼の判定結果の内訳は、A判定10名、B判定12名、C判定3名、D判定1名であった。このうち、分析では両極端の事例のほうが比較しやすいため、B判定クラスをすべて除いた。D判定クラスについては、インタビューで保育中に起こった事故をD判定の根拠と明言したため除去した。また、子どものハンディキャップのために保護者が負い目を抱いていた場合、入園させてもらったこと自体に恩義を感じていた場合、クラス担任と保護者がプライベートで友人関係だった場合も、分析対象から除いた。最終的に、分析対象として6クラスが選定された（表2-1）。

2　対話的ナラティヴ分析の方法

(1) 対話的ナラティヴ分析

　第1章第1節で述べたとおり、ラボフ・ワレツキー・モデルを代表とする、これまでのナラティヴ分析では、ナラティヴ・インタビューにより収集されたパーソナル・ナラティヴやライフストーリーを分析対象として検討することが多かった（たとえば、Riessman 1993, Lieblich, Tuval-Mashiach & Zilber 1998）。これらの場合、程度の差はあれ、インタビュアーとインタビュイーの役割は固定的であり、インタビュアーのイニシアチブのもとで、語りが生成されていくことを基本としている。これに対し、対話的ナラティヴ分析では、語り手と聴き手の位置関係や力関係は流動的で、

語り手と聴き手が交互に語りのイニシアチブをとりながら生成された語りが対象となる。このため、分析の際には、語り手と聴き手双方のナラティヴに目配りしながら検討をすすめる。

　具体的には、次の二つの段階を踏んで、分析を進めていく。第一段階の「構造分析」では、これまでのナラティヴ分析と同様に、ナラティヴの内部構造をかたちづくる構成要素に着目する。この作業により、「○○型」あるいは「○○の語り」と呼ばれることの多い、構成要素の配置パターンが明らかになるであろう。こうしたナラトロジー（Prince 1987=1991, 橋本 2014）やナラティヴ・アプローチでしばしば用いられる分析手法のほかにも、必要に応じて、「主語」「行」「時制」「視点」などの言語としての構造的特徴も分析する。

　第二段階の「相互作用分析」では、語り手と聴き手との間で、構成要素などの構造的特徴が、どのようなつながりをもち、双方の発話に影響を及ぼしあっているのか、という点について検討する。この作業により、語り手と聴き手の相互作用によって、一つのナラティヴが協働的に構成されていくプロセスが可視化される。

　この分析手法のポテンシャルを示せば、次の通りとなる。パーソナル・ナラティヴを対象とする限り、ナラティヴの相互作用的側面を直接的にアプローチすることは原理的に不可能であった。ナラティヴ・インタビューによって収集されたナラティヴはあくまでも産物であり、ナラティヴが構成されていくプロセスとしての相互作用プロセスとは異なるからだ。しかし、対話的ナラティヴ分析では、データとして分析対象となるナラティヴと、そのナラティヴが生成される際の相互作用が同一のものであるため、ナラティヴが相互作用的に構成されるプロセスを、直接的に観察したり、記述したりすることが可能となる。

（2）分析手続き

　従来のナラティヴ分析は構造分析が中心であったが、本稿ではナラティヴが相互作用によって共同的に構成されるメカニズムを探るために相互作用分析もおこなった。

　まず構造分析により、段落単位で、①ナラティヴの量、②構成要素の特徴、③プロットの特徴を検討した。次に相互作用分析により、発信者の異なる段落間のつながりをセットにして、①関係の有無、②各行の主語、③つながりの契機、④関係の性質を検討した。

①構造分析
　具体的な分析作業は、①トランスクリプト、②構成要素の判別、③構成要素の配

列パターンの判別、の三段階で構成され、結果もこの手順に対応して見いだされた。

　最初に、ローデータ状態のナラティヴから、文全体の意味が通るように、省略されたであろう語句を括弧に入れて挿入しながら、出来事や経験の最小単位である「行」（Gee 1991）に分割する。日本語文法の特徴として主語の曖昧さがあり、一つの文章のなかに異なる主語をもつ出来事や経験が複数含まれることが多いため、動詞が出てくるたびに主語との結びつきを確認しながら行を区切る。トランスクリプトによって、ナラティヴは「行」という単位で計量可能となる。

　次にラボフ・ワレツキー・モデル（Labov & Waletzky 1967, Labov 1972）に従い、行ごとに、ナラティヴの内部における各行の機能を示す働きをもつ構成要素を判別した（事例では行の冒頭に表示）。具体的には〈要約：Abstract〉〈方向づけ：Orientation〉〈複雑化：Complicating Action〉〈評価：Evaluation〉〈結果：Result〉〈終結：Coda〉の判別を指す。なかでも〈評価〉は、当該ナラティヴの話者の態度や解釈を表すものとして重視される。

　さらに構成要素の配列パターンを判別した。配列パターンが〈要約-方向づけ-複雑化-評価-結果-終結〉となる場合、そのナラティヴは完結していると見なされるため（Labov 1972）、これを目安に、ナラティヴの最小単位である段落が区切られる（事例はすべて段落単位で表示）。段落の範囲が確定することで、その段落の論題であるトピックが明らかとなる（事例では冒頭に表示）。段落内における各行の関係に着目することで、出来事や経験を因果的に結びつけることによって意味づける働きをもつプロットが見いだされ、その結びつきの強弱によって「明瞭」ないし「曖昧」と区分される（事例ではトピックの横に【明瞭な／曖昧な〇〇型】と表示）。

②相互作用分析

　段落間のつながりに着目して、①保育者側ナラティヴにおける保護者側のトピックとの関係（事例では各構成要素にダッシュをつけて表示）、②各行における明示されていない主語（推定される主語を括弧に入れて表示し、下線を引いた）、③相手のナラティヴに対するコメント（事例では〈評価'〉と表示）、④保護者のナラティヴと保育者のコメントとの関係性、について検討した。

3 信頼を形成するナラティヴの技法

(1) 構造分析の結果

① 1日あたりのナラティヴの量

保育者側ナラティヴにおける1日の行数の平均値は、高信頼クラスで7.3行、低信頼クラスで5.8行だった。高信頼クラスのほうがやや多いものの大差はないといえよう（表2-2）。保護者側行数との間に明確な関連性が見られないことも考えあわせると（表2-1）、保育者側ナラティヴの量と信頼との間に高い関連性はないといえよう。なお、本書の場合、高信頼クラスと低信頼クラスの間に、対応あるデータとそうでないものが混在したため、統計分析は実施しなかった。

②構成要素の特徴

各行に構成要素を割り当てた結果、連絡帳におけるナラティヴの全体的特徴として、ラボフの挙げた構成要素の一部しか使われていないことがわかった。まず、完結したナラティヴの配列パターン〈要約−方向づけ−複雑化−評価−結果−終結〉のうち〈結果〉と〈終結〉が欠如していた。つまり、一つのナラティヴとしての完結性は低く、相手からの返答次第で、プロットが揺さぶられる余地が残されているといえる。また、顔見知り同士でのやりとりとなるため、出来事の背景を説明する〈方向づけ〉もあまり見られなかった。

保育者側ナラティヴにおける〈評価〉の全体に対する比率は、高信頼クラスで11.5％、低信頼クラスで2.3％と、高信頼クラスのほうが高かった（表2-2）。事例2-1と事例2-2を比較すると明らかなように、高信頼クラスのほうが〈評価〉をより頻繁に提示することで、読み手に保育者の意図や解釈が伝わりやすい書き方をしていることといえよう。

表2-2　保育者側ナラティヴの構造分析

	全行数	全段落数	記述日数	1日の平均行数	〈評価〉の行数（％）	「明瞭な発達型」の段落数（％）
高信頼クラス	777	178	105	7.3	90 （11.5％）	78 （43.8％）
低信頼クラス	564	143	96	5.8	13 （2.3％）	21 （14.6％）

事例2-1　高信頼クラス（0歳児クラス・10か月児）の保育者側ナラティヴ

本日のクラス活動【明瞭な発達型】（下線部は主語を示す）

〈要約〉　　　リョウちゃんには、今日、金魚にエサをあげるところを見せてあげました。

〈複雑化〉　　（保育者が、リョウちゃんに）「ここよ、金魚さんパクパクよ」と知らせると、

〈複雑化〉　　（リョウちゃんは）　ニッコリ笑って、

〈複雑化〉　　（リョウちゃんは）　そこを上手に指さしていました。

〈評価〉　　　指さしはことばの出る前の段階なので、

〈評価〉　　　きっとことばももうすぐですね。

事例2-2　低信頼クラス（1歳児クラス・1歳6か月児）の保育者側ナラティヴ

本日のクラス活動【曖昧な発達型】

〈要約〉　　　今日は（ひよこ組さんは）裸足で、水を張ったタライで水遊びしました。

〈複雑化〉　　（ひよこ組さん／ハルカちゃんは）（タライの）中には入らず

〈複雑化〉　　（ひよこ組さん／ハルカちゃんは）（タライの中に）手を入れたり

〈複雑化〉　　（ひよこ組さん／ハルカちゃんは）おもちゃの容器で少し遊び

〈複雑化〉　　その後（ひよこ組さん／ハルカちゃんは）沐浴をして

〈複雑化〉　　（ひよこ組さん／ハルカちゃんは）さっぱりしました。

〈評価〉　　　（ひよこ組さん／ハルカちゃんは）とても楽しそうに遊んでいました。

③プロットの特徴

　段落単位で構成要素のパターンを見たところ、保育者側ナラティヴの多くは〈要約−複雑化−評価〉か〈要約−複雑化〉となった。

　次に、各段落のトピックを探ったところ、保育者のトピックの多くは「本日のクラス活動」であった。

　さらに、各段落のプロットを探ったところ、ほとんどの保育者側ナラティヴで共通して「子どもの発達が促されるような出来事があった」というプロットが読みとれた。つまり保育者側ナラティヴの大半は「発達型」のプロットに収束するといえる。ただし、その明瞭さの程度はさまざまである。

　そこで段落ごとに「明瞭な発達型」であるか否かを判別し、全体に対する比率を算出した。高信頼クラスは43.8%、低信頼クラスは14.6％で、高信頼クラスのほうが「明瞭な発達型」を示す割合が高かった（表2-2）。

この結果から、高信頼クラスの連絡帳のほうが、子どものふるまいについて精神面や運動面での育ちとして捉える発達的な観点から書かれているといえよう。たとえば、高信頼クラスの保育者が記述した事例2–1の場合、保育者が子どものちょっとしたしぐさを発達の兆候として捉えていることが伝わってくる。一方、低信頼クラスの保育者によって書かれた事例2–2の場合、複数の出来事を羅列しているだけで、それらがハルカちゃんの育ちにどのように寄与したと保育者が捉えたのか明確に伝わってこない。つまり、高信頼クラスのナラティヴのほうが「発達型」のプロットが明確であり、発達的観点に立った解釈をおこなう傾向がある。

　一方、保護者側ナラティヴのプロットは曖昧かつ多様であり「発達型」としてまとめることはできなかった。「発達型」に加えて、事例2–3のような「先の見えないままに子育ての苦難や不安が続く」というプロットの「苦境型」や、事例2–4のように「発達型」と「苦境型」の判別ができないものもあった。

　　事例2–3　低信頼クラス（0歳児クラス・6か月児）の保護者側ナラティヴ
　　ケンシの生活リズム【曖昧な苦境型】
　　〈複雑化〉　　（ケンシは）最近は家に帰って少し遊んだ後、
　　〈複雑化〉　　（ケンシは）お風呂に入る前に力尽きて寝てしまいます。
　　〈複雑化〉　　それから、（ケンシは）パワーUPして
　　〈複雑化〉　　（ケンシは）夜寝るのが遅くなってしまいます。
　　〈複雑化〉　　（ケンシは）昨日（の夜）は何度も起きました。

　　事例2–4　高信頼クラス（1歳児クラス・1歳8か月児）の保護者側ナラティヴ
　　アスカの発話状態【曖昧な発達型／曖昧な苦境型】
　　〈方向づけ〉　（母は）仕事から帰るとき、家にtelしますが、
　　〈複雑化〉　　その時にアスカが出てきて
　　〈複雑化〉　　（アスカが）「ママー、○△◇×…！」としゃべり続けて、
　　〈複雑化〉　　（母は電話を）切ろうにも切れないときがあります。
　　〈評価〉　　　（アスカが）しゃべり出したら（三姉妹で）一番おしゃべりになりますかねぇ…

（2）相互作用分析の結果

①保護者側トピックとの関係
　保護者側トピックとのつながりがあった保育者側の行の比率を算出したところ、

高信頼クラスは30.8%、低信頼クラスは12.2%だった。高信頼クラスのほうが保護者側トピックと関連のある行の割合が高かった（表2-3）。

　このつながりのある行の存在は、何を意味するのだろうか。保育者がほぼ毎日記述する「本日のクラス活動」のトピックは、○○組さんという集団の枠組みのなかでの相互作用を題材としているが、そのなかで保護者側と関連ある行が存在する場合は、たとえ集団活動のなかであっても、その子どもに対し、その保護者の意向をくんだ個別配慮もしていただろうと推測することができる。

　たとえば、事例2-5の保育者側のみ注目した場合、クラス活動のなかの一場面を切り取って描かれたように見えるが、保護者側とセットで見た場合、保護者-子ども間の相互作用を踏まえたうえで保育者が個別配慮をしたことがうかがえる。このように書き手の異なる段落の関係を探ることで、第三者の立場でデータを見ただけではうかがえなかった保護者-保育間の相互作用が浮かび上がってくるのである。

事例2-5　高信頼クラス（1歳児クラス・1歳8か月児）の相互作用
保護者側ナラティヴ：前日のクラス活動【曖昧な発達型】
〈方向づけ'〉　家のお風呂でシャワーをすると
〈複雑化'〉　（水しぶきを怖がって）すごい勢いで泣いて飛び出していくのに
〈評価'〉　　園（でのプール遊びの様子）ではずいぶん違いますね。
〈評価'〉　　みんなでやると楽しいかな？

3日後の保育者側ナラティヴ：本日のクラス活動【明瞭な発達型】
〈要約〉　　今日は（そら組さんは）散歩から帰ってから15分くらい水遊びをしました。
〈複雑化〉　（アスカちゃんは）ホースは一人用のプールの中に入れておいてほしいと要求し
〈複雑化〉　（要求が通ったアスカちゃんは）一人で、お水のたっぷり入ったプールにつかって

表2-3　保育者側ナラティヴの相互作用分析

	全行数	関連ある行数（%）	曖昧な主語を含む行数（%）	〈評価'〉の行数（%）
高信頼クラス	777	240（30.8%）	37（4.7%）	115（14.8%）
低信頼クラス	564	169（12.2%）	106（18.7%）	18（03.1%）

〈評価〉　　　（苦手な水しぶきがかからないために）満足、満足のアスカちゃんでした。

②各行における主語

　連絡帳の各行においては、その主語が示されていないことが多い。保護者側ナラティヴの言及対象がわが子であることは明白であるが、保育者側の場合、クラスのなかでの関わりとなるため、言及対象がクラス集団全体なのか、クラス集団の一部分である構成員なのか、固有名をもつ個人なのか、分析者には判別しにくい。

　そこで、前後のトピックとの関連性をたどりながら、各行における主語を推定した。最後まで主語が確定できなかった行をカウントし、すべての行に対する比率を産出したところ、高信頼クラスは4.7％、低信頼クラスは18.7％であった。高信頼クラスのほうが主語の確定できない行の割合は低かった（表2-3）。

　この分析作業によって、保育者－子どもの関係性が判明する。たとえば、同じ学年の同じクラス活動の記述である事例2-2と事例2-5を比較してみた場合、低信頼クラスの保育者が記述した事例2-2では、その主語として〇〇組さんでも△△ちゃんでも置き換え可能ではないかという印象が残る。その反面、高信頼クラスの保育者が記述した事例2-5では迷わずにすむ。

　高信頼クラスでは、低信頼クラスに比べ、記述対象となった子どもを固有の存在として捉え、その子どもにまつわる出来事を固有の経験として意味づけながらナラティヴを産出する傾向があるといえよう。

③保護者のナラティヴに対する保育者のコメントの特徴

　コメントとは、異なる書き手によるナラティヴに対する解釈である〈評価'〉の行を指す。保育者側の行全体に対する比率を産出したところ、高信頼クラスは14.8％、低信頼クラスは3.1％であった。高信頼クラスのほうが、コメントすなわち〈評価'〉の比率が高い（表2-3）。

　では、保護者側ナラティヴに保育者によるコメントが接続されることで、どのような相互作用が起こるのか、事例2-4と事例2-6を比較しよう。

　事例2-4として単独で示されていたときのように、保護者側の段落のみで捉えた場合、保護者がその子のふるまいに対し「言語発達の兆候への喜び」すなわち「発達型」か、あるいは「家のなかが騒々しくなることへの不安」すなわち「苦境型」を表明しているのか分からない。しかし、事例2-6のように、保育者側のコメントとセットと見ると、プロットに変化が生じ、子どものふるまいに対する解釈が明確となる。事例2-4だけでは漠然としていたが、事例2-6のように関連づけられることによって、保護者側プロットは「曖昧な発達型」として捉えられるようになった。

事例2–6　高信頼クラス（1歳児クラス・1歳8か月児）の相互作用

保護者側ナラティヴ：アスカの発話状態【曖昧な発達型】

（事例2-4と同じ）

同じ日の保育者側ナラティヴ：アスカの発話状態【明瞭な発達型】

〈評価'〉　　いろいろなことに興味のある<u>アスカちゃん</u>だから

〈評価'〉　　（<u>アスカちゃん</u>は）きっとたくさんおしゃべりがしたいのだと思います。

〈評価'〉　　おうちの中がにぎやかでいいですネ。

　ここで重要なのは、コメントの有無によって、その日以降の保護者側ナラティヴのプロットまでが左右されることである。まず、高信頼クラスの事例をもとに、保育者のコメントによって保護者側ナラティヴがどのように変容したかを見てみよう。

　先に保護者によって提示された「玩具に自発的に手を出す」という行動描写の直後に、保育者によるコメントが付け加えられることで「運動能力の発達」という「明瞭な発達型」へと強化され、そこでの書き方が、後に続く保護者側のプロットにも影響を及ぼしていた（事例2-7）。その翌々日、保護者は再び同じトピックを取りあげていたが、行動描写がより緻密になり、それぞれの出来事への解釈も深められていたのである。

事例2–7　高信頼クラス（0歳児クラス・7か月児）の相互作用

（1）保護者側ナラティヴ：リョウの認識状態【曖昧な発達型】

〈要約〉　　（リョウは）目の前にとりたい物がおいてあると

〈要約〉　　（リョウは）自分で手を伸ばしてとっています。

〈複雑化〉　昨日は（リョウは）ブロックで、兄が遊んでいるのをしばらく見てから

〈複雑化〉　リョウも同じように遊んでいました。

（2）同じ日の保育者側ナラティヴ：リョウの認識状態【明瞭な発達型】

〈評価'〉　　ますます動きが活発になっている<u>リョウちゃん</u>

〈方向づけ'〉園でも（<u>リョウちゃん</u>は）（保育士に手伝ってもらって）お座りすると

〈評価'〉　　（<u>リョウちゃん</u>は）360度どの方向へも体を伸ばして楽しみます。

〈複雑化'〉　（<u>リョウちゃん</u>は）特に後ろにマットを積んであるのが分かると

〈複雑化'〉　（<u>リョウちゃん</u>は）大胆にドーンと後ろにもたれていって

〈評価'〉　　（<u>リョウちゃん</u>は）笑っています（^–^)

（3）翌々日の保護者側ナラティヴ：リョウの認識状態【明瞭な発達型】

〈要約〉　　　このごろ、兄と二人でよく遊んでいます。

〈複雑化〉　　兄の（遊んでいる）音の出る絵本に（リョウも）手を伸ばし、

〈複雑化〉　　○○も一緒に小さな手でボタンを押しています

〈複雑化〉　　音楽が流れると（リョウは）ニコニコしながら手を振って

〈評価〉　　　（リョウは）リズムをとっているように見えました。

　次に、低信頼クラスの事例をもとに、保育者がコメントしないことで、保護者のプロットがどのように変容したかを見てみよう。事例2–3の場合、当初、保護者は曖昧にしか苦境を表現していなかったが、これに対し保育者が何もコメントせずにクラス活動のみを淡々と記述した。その結果、その翌日の保護者側ナラティヴでは、再び同じトピックを取りあげて事例2–3と同じように〈複雑化〉の行が羅列された後、最終行に「（ケンシがなかなか寝てくれないために、母は）ヘトヘトになりました」という〈評価〉が配置され、「明瞭な苦境型」を示すようになった。

　つまり、高信頼クラスでは〈評価'〉を巧妙に接続することで、新たなプロットを挿入して曖昧なプロットを補強したり、あるいは「苦境」から「克服」へとプロットの変容を促したりして、保護者側ナラティヴが「明瞭な発達型」に誘導されたのである。

④保護者のナラティヴと保育者のコメントとの関係性

　保育者によるコメントが頻出する高信頼クラスにおいては、保護者と複数のクラス担任の共同でナラティヴが構成されており、同じトピックに対して複数のプロットが共存する傾向がある。本稿では、その関係性を〈同調的〉〈並行的〉〈対立的〉という三つの区分でとらえた。

　保護者が「発達型」のナラティヴを提示した場合、保育者は同じ日の連絡帳の冒頭で〈同調的評価'〉を接続し、より明瞭なプロットへと強化を図る傾向がある（事例2-7）。一方「苦境型」やそれを疑わせるようなナラティヴに対しては〈対立的評価'〉ではなく、「その出来事での○○ちゃんのふるまいに対する別の見方」である〈並行的評価〉を配置する傾向があった（事例2-6）。つまり別の解釈を接続することで、保護者のプロットに揺さぶりをかけているのである。

　一方、低い信頼クラスでは保育者によるコメント自体が少ない。保護者側プロットが「明瞭な発達型」として組織化されるような働きかけをあまりしていないのである。その結果、保護者側プロットは不安定なままに放置されて「苦境型」へと変

容することもあれば（事例2-3）、保護者が記述自体をやめてしまうというかたちで抑圧されることもあるだろう。

　ここで注目されるのは、保育者からのコメントにおいて〈対立的評価'〉が提示されたのは、分析対象中わずか1行しかなかったことである。保育者は協調的な関係性への志向が強いといえよう。保育者が〈評価'〉を提示する際には、保護者にスムーズに受けいれてもらえるようレトリックが駆使されていた。具体的には、話者間の距離を縮める働きをもつ終助詞の「ね」や「よ」を用いて共感的に表現したり（事例6の3行目）、句読点の代わりに絵文字や記号（例：「＾–＾」や「！」）を配置したりすることで、保育者の解釈を視覚的に提示していた（事例2-7の6行目）。

4　発達型のナラティヴを超えて

　比較の結果、高信頼クラスの保育者側ナラティヴには、以下の特徴が見いだされた。構造分析からは、同じパターンのプロットが連絡帳のなかでくりかえされ、発達型のプロットが確立されていることが分かった。相互作用分析からは、保護者と関連させたコメントを巧妙に接続し、発達型のプロットへと誘導していることが明らかとなった。つまり、保護者からの信頼の高低と関連があったのは、保育者側ナラティヴの量や内容よりも、むしろ書き方だったのである。では、なぜ、保護者側ナラティヴと関連づけながら特定パターンの書き方を反復したクラスに対し、保護者は高い信頼を表明したのだろうか？

　高信頼クラスでは、保育者側の発達型ナラティヴが保護者側にくりかえし接続された結果、保護者側の曖昧なプロットが補正され、明瞭な発達型へと誘導されるプロセスが確認された。保護者にとって、当初は曖昧に意味づけられていた子育てをめぐる経験が、連絡帳上でナラティヴを取り交わすなかで明瞭なかたちで組織化されたのである。昔話を聞く際、「昔々、あるところに…」で始まり「めでたし、めでたし」で大団円を迎えるといった、同じパターンのプロットのくりかえしによって、いつのまにか話に引きこまれてしまった経験をもつ人は多いであろう。連絡帳においても、これと同様に、反復性というナラティヴ特有の機能が発揮されている。

　また、現代社会におけるナラティヴの特徴として、プロットが交渉的に構成されることが指摘されているが（Gubrium & Holstein 2009, Czarniawska 2004）、高信頼クラスの保育者はこの交渉性という機能を巧みに使いこなしていた。具体的には、戦略的にコメントを接続させることで、保護者側の発達型のプロットが曖昧なときには明瞭にし、苦境型に陥りそうなときにはプロット自体の変更を促していた。

以上をまとめると、保護者による高い信頼の表明と、保育者による反復および交渉的機能を活用した保護者のプロットを発達型へと組織化していくような書き方との間には、強い結びつきが存在している。

　ただし、組織化機能には負の側面も存在する。発達型という非常に強い影響力をもつナラティヴを省察することなく再生産してしまうことで、個々のナラティヴが有していた独自性が失われたり、新たなバージョンのナラティヴが抑圧されたりするパターン化という弊害もありうる。

　より高いレベルの信頼関係の形成と維持に向け、どうすればパターン化の問題を乗り越えていくことができるのだろうか。その手かがりは、相互作用分析の結果をふりかえることで見いだされた。

　一つめの手がかりは、連絡帳における保育者-保護者間の相互作用のなかで、その言及対象である子どもの「固有性」が浮かび上がってきたことである。確かに、保育者がクラスのメンバーそれぞれの連絡帳に記述したという事実だけでも、「個別的な配慮」（厚生労働省 2018）としては十分かもしれないが、保護者側ナラティヴとの関連性がないと「○○ちゃんらしさ」を見いだすことは難しい。連絡帳に登場する主人公は○○ちゃんであるという手ごたえが薄く、保育者がどのようにその子どもと関わろうとしているのか読みとりにくい。しかし、高信頼クラスのナラティヴの形式で特徴的だったように、コメントを返したり、関連するトピックを選択したりするなど、読み手とのつながりを意識した書き方を工夫することで、クラスという集団の構成要素ではなく、○○ちゃんという一人の子どもの姿が生き生きと立ち現れてくる。

　二つめの手がかりとしては、事例2-5のような保護者からのコメントが挙げられる。保育者から保護者へと一方的に働きかけるだけではなく、逆に保護者からのコメントも出されることにより、専門的知識としてパターン化されがちな保育者側のプロットも揺さぶられ、発達型という強固なナラティヴの正当性を問い直す契機となる。

　このように相互作用の形式を洗練させ、連絡帳のメディア特性を存分に生かすことで、ナラティヴの組織化作用に付随するパターン化という逆機能を抑制し、高い信頼の基盤となるコミュニケーション・システム構築につながるであろう。

　分析結果で示されたように、保育者-保護者間でやりとりされるナラティヴの形式と信頼には密接な結びつきがある。ただし、信頼について語る際には、保育者個人のふるまいや心がけではなく、連絡帳などのコミュニケーションを媒介するメディアの特徴や保育者―保護者関係の背後にある福祉や教育等の制度的背景にも目配りしつつ、あくまでも相互作用プロセスのなかで捉えていく必要がある。

5 まとめ

　本章では、保育者–保護者間の信頼と相互作用との関係を追究するために、保護者による信頼度の判定をもとに高信頼クラスと低信頼クラスに分け、相互作用がおこなわれた連絡帳をナラティヴ分析によって比較した。高信頼クラスでは特有の書き方をすることで、発達型のプロットが明示され、これを保護者側に関連づけながら反復し、発達的観点に立つナラティヴが保育者–保護者間で交渉的に組織化されることが明らかとなった。このようなナラティヴの共同構成プロセスこそが、信頼関係の形成と維持に深く関与する。

　信頼関係のあり方は、時代の流れとともに変わりつつある。レイチェル・ボッツマンは、狭い顔見知りの間柄で交わされる「ローカルな信頼」から、法律や契約などの制度にもとづく「制度的な信頼」へと移行して専門職制度を支えてきたが、2000年代以降は、新たなタイプの信頼として、デジタル技術の発展を基盤とする相互評価やレビューを担保とする「分散された信頼」が台頭してきたと述べた。しかし、その一方で、人びとの日常生活において、クライアントから専門職に向けた「制度的な信頼」が消失することはないとも予想した（Botsman 2017=2018）。現在、子育てにおいて、血縁や地縁に基づく信頼関係だけで乗り切っていくことは非常に厳しいであるものの、その代替として ICT や見知らぬ他人に全面的に頼ることもできない状況にある。そのなかで、保育者が、どのようにして保護者との信頼関係を形成／維持しているのか、その相互作用の痕跡が残された連絡帳に対し、さまざまな角度からのナラティヴ分析により明らかにした。

　ただし、本稿で得られた知見の限界として、第一に、対面での相互作用に比べれば、連絡帳上で展開されるやりとりの比重は小さいことがあげられる。本稿が分析対象としたのは、連絡帳が重要な役割をもつと思われる対面的相互作用の少ないクラスであったため、保育者側の連絡帳の書き方と信頼との間に高い関連性が見いだされたが、一般的にいえば、連絡帳は補助的な存在として位置づけられている。第二に、保育者–保護者間の直接的な相互作用を対象としたために、信頼の判定にあたり、保育者–子ども間の相互作用に対する保護者の評価という要因は除外した。その結果、この要因の影響を十分に考慮することができなかった。これらについては、今後の課題としたい。

第3章
多声的ナラティヴ分析
クラスだより研究

1 クラスだよりのナラティヴ特性

(1) 共感的メッセージと語り口

次に紹介するのは、保育園4歳児クラスで配布されたクラスだよりである。

> 1分1秒でも、ムダにしたくない運動会本番週となりました。
> みんな気持ちはある！　でも、でも、いろいろ空回りで、
> いつもみたいにうまくいかない"鉄棒"。
> 連休明けで、ちょっとスランプモードな月組さん。
> でも、まだ、3日ある！
> きっと、この3日間で乗り越えて飛躍してくれることでしょう！！
> さて、お父さん・お母さん方にも、運動会当日、大事な出番がありますよ。
> 　"保護者リレー"今年も皆さん、ご参加くださいね！

　保育園などで発行される「おたより（通信）」は、園によりバリエーションがあるものの、クラス・学年・園全体などの集団を読み手として想定し、子育て支援のための情報発信の手段として活用されている。発行頻度は、園だより・給食だより・保健だよりが月1回程度、クラスだより・絵本だより・行事だよりは時機に応じて発行されている園が多い（大豆生田 2008）。おたよりの読者は特定個人ではなく、不特定多数であることから、保育者からのメッセージが、誰にでも分かりやすく伝わる語り口が求められる。このため、レイアウトや見出しに工夫を凝らしたり、写真やイラストを活用したりするなど、細やかな配慮が散りばめられている（たとえば、高橋・小黒 2011, 山下 2005）。

クラスだよりの役割として、高橋光幸は、自らの保育実践にもとづき、①保育者が自らの保育実践をふりかえること、②保護者に対し、まず保育者自身の子ども観・保育観を提示することで、保護者とのコミュニケーションを活性化させること、③保育者間で子ども観・保育観を確認しあい、共有することをあげた（高橋・小黒 2011）。つまり、保育者にとって、おたよりとは保育者である自分と子どもとのコミュニケーションをふりかえったり、保護者や同僚などの大人同士でのコミュニケーションを円滑にしたりするためのメディアとして位置づけられている。

　おたよりの内容をおおまかに分類すれば、①行事・園生活にかかわる事務的な連絡、②園生活の諸問題に関する園からの要望、③保育のねらい・活動計画などの周知徹底、④保育実践のなかで実際に起こった出来事の紹介、があげられており、これら4種類のメッセージのうち、最初の3点では一方的な伝達になりがちであるのに対し、④保育実践のなかで実際に起こった出来事の紹介では、子どもたちとのエピソードを語ることによって、保護者のなかに共感的感情が湧きあがってくるようなメッセージを発信することを保育者たちが志向していることが指摘されている（加藤 2015）。

　おたよりの主な機能が、保護者とのコミュニケーションを深めることであったことを考えあわせれば、保育者が共感的な語りを志向する理由が見えてくる。園における子どものエピソードを共感的に語りかけることで、保護者との信頼に基づく協力関係を築きあげ、これを維持する努力を日々積みかさねていることがうかがえる。実際、保育者の作成したクラスだよりと、これに対する保護者からのコメントが記載された連絡帳を比較分析した研究では、日数の経過とともに、保護者側からも共感的コメントが増加していた（柴崎・会森2016）。このような読み手の共感的感情を喚起する語り口は、保護者との連携をスムーズかつ緊密におこなうことを目的とした保育者特有のコミュニケーション技法の現れとして捉えられる。OECDによる国際比較調査によれば、日本の保育者の特色として、子どもへの共感的・受容的な関わりを重視していることが明らかにされているが（国立教育政策研究所 2020）、保護者に対しても同じように向きあっている。

　一方、記載内容に関する先行研究は、その文面から保護者に伝えるべきメッセージ内容や、メッセージを発する保育者自身の認識枠組みを把握することに努めてきた。1999年度に発行された6園分の幼稚園の園だよりを対象に、記述内容の分析を行ったところ、事務的事項（たとえば、給食の献立・お知らせ）が多いという共通点を除き、どのようなトピックスをどれだけ取りあげるかは、園によってさまざまであった（田中・三宅 2001）。また、約半世紀前の1964年度に幼稚園で発行されたクラスだよりの内容分析によれば、保育方針や保育実践の紹介よりも、むしろ、園に対

する協力要請や生活指導的な内容が多くを占めていた。つまり、当時の実践現場でも保育者から保護者への働きかけは活発に行われていたものの、そのメッセージ内容は、現在とは大きく異なったのである（奥山 2011）。

　このように、おたよりの記載内容に関する先行研究からは、時代、地域、園を超えて共通する内容を見いだすことは難しい。しかし、その語り口に着目した場合、非常にメッセージ性が高いという共通点があることが明らかになった。保育者は、保護者の「知るべき情報」「知ってほしい情報」を想定しながら、単なる「お知らせ」ではなく、伝達性の高い「教育メッセージ」を発信しようとしており、これを効果的におこなうために編集していることが示唆されている（田中・三宅 2001）。保育者対象のインタビューからも、おたよりを作成する際に配慮している事柄として、保護者が読みたくなるよう工夫を凝らし、ユーモアや分かりやすさを大事にしながら、子どもの姿の捉え方や見通しを伝えるよう心がけていることが明らかにされている（渡辺 2005）。

　以上より、保育者は、教育的メッセージを発信し、保護者にしっかりと受けとめてもらうことを志向して、共感的かつ受容的な語り口を志向してきたことがわかった。

　しかし、おたよりというメディアには、保育者によるコミュニケーション行為が直接的に反映されているにもかかわらず、その語り口にどのような配慮が込められているのか、十分に明らかにされていない。

　多くの場合、保育実践は保護者の目の前で行われるものではないため、保護者に、保育の内容だけではなく、そのねらいや今後の見通しにまで、十分に理解してもらうためには、さまざまな工夫が必要である。さらにいえば、保護者側にとっては保育に関する専門的知識がなければ十分に理解できない事柄（たとえば、カリキュラム・マネジメントや育ちの見通し）や、家族だからこそ受けとめがたい事柄（たとえば、障害によって引き起こされたふるまいに対する解釈）など、やりとり自体が困難なトピックスもある。

　そのような場合でも、保育者側には、粘り強く、対話を継続し、連携を深める努力が求められる。このため、保育者－保護者間のコミュニケーションを成立させ、これを長期にわたって安定的に維持するために、保育者側には、日常的なやりとりで用いられている技能である「語りのスキル（narrative skill）」（Mandelbaum 2003）だけでなく、より戦略的なコミュニケーション技法である「語りのストラテジー（narrative strategy）」も要請される。保育者たちは、あいづちなどの何気ないふるまいだけでなく、さらに、相手に何かの影響を与える意図のもとで緻密に組み立てられた語りを展開している。

そこで、本研究では、保護者むけのクラスだよりと園内むけの保育日誌を対象として、多声的ナラティヴ分析により（二宮 2017）、同じトピックスに対する語り口の差異に着目しながら比較することを通して、保育者が保護者との連携を深めるためのコミュニケーション技法である「ナラティヴ・ストラテジー」を見いだしていくことを研究目的とする。

（2）フィールドの特徴

　フィールドは、首都圏にある認証保育所T園である。T園は、保護者会組織を基盤にNPO法人として設立された経緯をもち、保護者が運営にも積極的に関与しており、保育者−保護者間のコミュニケーションは密である。どの職員も記録に対して真摯に取り組む職場環境であり、3・4・5歳児クラスのすべてが、大きな行事があった日や異年齢合同で保育を行った日以外は、ほぼ毎日、クラスだよりを発行している。

　ローデータは、T園の4歳児クラスつき組において作成された2年度分のクラスだよりと保育日誌である。20XX年度クラス（男児6名と女児3名、保育経験9年の担任1名）と、その前年度の20XX−1年度クラス（男児3名と女児5名、保育経験11年の担任1名）を対象とした。4歳児クラスを選定した理由は、行事の多い5歳児クラスや生活場面に関する連絡事項が多い3歳児クラスに比べ、クラス活動や子どもたちの姿をじっくりと語ることのできる学年だからである。

　T園のクラスだよりは、担任保育者がA4サイズで作成したものをA6程度の大きさに縮小コピーして、子どもたち一人ひとりの連絡帳にはさんで保護者に配布されている。写真やイラストが添えられることもあるものの、基本的には、その日のクラス活動を手書き文字で綴ることによって、情報発信されている。

　また、T園の保育日誌は、A4サイズで、出席数・欠席理由・健康状況・給食状況・今日の活動・子どもの姿・個別記録・反省と評価の記入欄がある。出席数・欠席理由・健康状況・給食状況・今日の活動についてはあっさりとした事務的な記述である一方で、子どもの姿・個別記録・反省と評価については、クラス内で起こった出来事をエピソードとして記述するスタイルで、担任保育者自身の省察をもとに厚く記述されている。

2 多声的ナラティヴ分析の方法

(1) 多声的ナラティヴ分析

　多声的ナラティヴ分析は、社会構成主義のナラティヴ・アプローチの分析手法であり、ある一つの場面をめぐる複数のナラティヴをつきあわせ、「そのナラティヴはいかにして構成されているのか」を明らかにすることを目指して開発された（二宮 2017）。ナラティヴ・アプローチそのものは、事象に対するアプローチの方法を示したものにすぎず、研究者の背後にある認識論とは別物である[1]。本書が依拠する社会構成主義では、多様な声の共存を認めたうえで、「それぞれが、社会的現実に対して、どのように作用するのか」をとう。

　現在、「声」という概念は、近代社会においてマイノリティとして位置づけられているナラティヴを浮かび上がらせる役割を担うことが多い。たとえば、伊藤智樹は、専門職による支援に依存しない自助グループにおける当事者のナラティヴが、ストーリーとして組織される以前の状態を「声」として聴きとっている（伊藤 2005）。

　その一方で、専門職の側は、それぞれの団体で共有されている倫理綱領に集約される模範的な語り（モデル・ストーリー）になりがちである。それぞれの伝統や価値観に強固に裏づけられた語りは、実践を遂行するうえでの確固たる指針となる反面、これにそぐわない声が抑圧されるという側面もある（倉石 2000, 野辺 2020）。多声的ナラティヴ分析を実施することにより、「望ましい語り」にとらわれがちな保育者の語りについても、さまざまな声が聴こえてくるであろう。

　多声的ナラティヴ分析では、芥川龍之介の小説「藪の中」をもとに黒澤明監督によって映画化された「羅生門」のストーリーのように、同一の出来事をめぐり、さまざまな声が響きあう状態にあるナラティヴをあつかう。これらのなかには、明瞭なプロットと緻密な構成をもつストーリーもあれば、出来事の輪郭さえ曖昧なナラティヴもあるだろう。これらの形式の違いに着目し、その構造や機能について検討する。本書の場合、同じ日に実施されたクラス活動（たとえば、運動会の練習）に対し、同じ保育者が、クラスだよりと保育日誌という異なるメディアに書きつづった文章を分析対象として、クラスだよりに特有な共感的かつ受容的な語り口が、どの

1　一方、本質主義においてもナラティヴ・アプローチを駆使した議論は十分に可能である。本質主義に依拠する場合、超越論的な真実を想定しつつ、分析手段としてナラティヴ分析が用いられるが、常に、その正統性が問われることになる。

ようにしてもたらされているのかを明らかにする。

（2）分析手続き

まず、分析対象のサンプリングとして、ローデータから、クラス担任などその日のクラス活動を担当した保育者により、保育日誌とクラスだよりの両方が作成された日を判別したところ、20XX年度クラス179日分、前年度の20XX–1年度クラス164日分のクラスだよりと保育日誌が該当した。なお、両クラスともに、参与観察やクラス担任へのインタビューなどの予備調査をおこない、データ量の多い20XX年度クラスのデータを質的分析の対象とした。

第二に、質的分析として、20XX年度クラスの保育日誌とクラスだよりのなかから、同じ日に行われた保育実践に対して、どのような語り口のバリエーションが見いだされるのか、両者の比較を行った。データの大部分は、クラス内のさまざまな出来事をつなぎあわせるかたちで書き記された文章により構成されている。同じクラス活動を対象として、保育者がどの出来事を取りあげてトピックとしたのか、どのようにして語りを展開したのか、という点に着目し、語り口の違いについて追究すれば、保育者がクラスだよりのなかに埋めこんだナラティヴ・ストラテジーが浮かびあがってくる。

第三に、量的分析を行った。この分析は、質的分析で見いだされたさまざまなナラティヴ・ストラテジーに対し、これらが一時的あるいは偶発的な事象ではないことを確認することを目的に実施された。具体的には、20XX年度のデータから抽出されたストラテジーについて、20XX年度とその前年度のデータにおいて、どれだけの頻度で出現するのか計測し、出現率を比較した。年度間で出現率が10％以上異なるストラテジーは、一過性の事象として棄却した。データ中のストラテジーの有無は筆者が判定した。なお、判定の信頼性を担保するために、分析対象となったデータからランダムサンプリングで24日分抽出し、質的分析のトレーニングを受けたことのある学識経験者による再判定を実施した。

最後に、ナラティヴ・ストラテジーの定式化を行い、それぞれの関係性を探ることで、分析のまとめをおこなった。

3　共感的メッセージを構成するナラティヴ・ストラテジー

（1）質的分析の結果

質的分析で見いだされたナラティヴ・ストラテジーのうち、量的分析（表3–5参

照）で棄却されなかった6種類のストラテジー（表3-6参照）を事例とともにしめす。

①保護者の関与を促す際のストラテジー

　表3-1に示したとおり、この日のトピックは、園外保育で公園に遠出し、運動会に向けて、うんていの練習をしたことが取りあげられた。しかし、保育日誌とクラスだよりにおける語り口は、それぞれ異なっている。保育日誌では、運動会にむけて、園とは異なる遊具を取りいれることで、子どもたちの意欲を高め、経験の幅を広げようとする担任保育者の意図があったものの、想定どおりには進まなかった様子が反省されている。一方、クラスだよりでは、保育日誌で描かれた子どもたちの集中しきれない様子をそのまま転記するのではなく、公園までの移動時間が45分から30分まで短縮できたことや、子どもたちの手のひらにできつつある"まめ"に注目し、より詳しく述べている。また、保育日誌では少し後ろに引いた立ち位置から「握り下手」と描写しているのに対し、クラスだよりでは子ども側に歩み寄って、手のひらにできた「ガンバリまめ」に焦点を絞りこみ、「イタイ、でもウレシイ☆」という子どもの気持ちに寄り添った語りを展開している。つまり、保育者がこのクラスだよりを作成するにあたり、「焦点の調整による選定」というストラテジーを

表3-1　10月2日

保育日誌	クラスだより
「勝手の違い」 往復1h程度で行き来できた。出発から「走っていくよー！」と声をかけ、スタート。子どもたちも公園までのルートを思い描いていたのだろう。「ここを通ったら、もうすぐだよね」期待感で足取りも軽い。公園に着いて、「うんてい、どこだっけ？」の投げかけにも「あっち！」と、うんていへの期待モリモリに到着。ところが、いざトライしてみると、園のうんていとは、心理的に勝手が違う様子。スパーンとやりきれる子がいない。高さも園と大差ないのだが、ぶら下がって降りる時点で緊張が高まり、手に汗をかいてしまうため、いつもより握り下手になっていた。ほとんどの子に腰を支える、握った手を介助するなどのフォローをいれた。目新しい遊具もあって、そちらに気持ちが流れていく子が多く、担任の力不足もあり、うんていに集中しきれなかった。	皆さん、朝の協力ありがとうございましたー！！ お陰様で、ほぼマラソンに近い状態の小走りで、片道30分で城山公園往復！！ この位の時間で往復できると遊ぶ時間もたっぷりとれるのデス♪ 一緒に行った園長が「つき組さん、体力ついたね〜」と感心してくれたんですョ。だって、前回年少さんと一緒に行ったときは、年少さんのペースも考慮して45分かかりましたものね。子どもたち一人ひとりをみてみると、途中で靴がぬげかけて半泣き顔の子、ぐんと自信がついて得意顔の子、とさまざまではありますが… 公園では、うんてい＆鉄棒でずっと遊んでいました。昨年のつき組さんが話題にしていた"ガンバリまめ"、ついに、今年のつき組さんの手にもできはじめています！！ 「イタイ、でもウレシイ☆」 いろんな経験をくぐり抜け、心にたっぷりの満足感と自信を蓄えてほしいと願っています。

用いることで、保護者にとって共感的に理解しやすい出来事を取りあげて語っていることがわかる。

　さらに保育者たちは、メッセージが共感的なものとなるよう、その語り口にさまざまな工夫をこらしている。表3-1では、文末に「♪」「〜ですョ」「〜ね」など付け加えて親しみやすい言い回しにしたり、園長の「体力ついたね〜」というほめ言葉をそのまま引用してみたりしている。なかでも、最も効果をあげているのは、クラスだよりの最後の「いろんな経験をくぐり抜け、心にたっぷりの満足感と自信を蓄えてほしい」という、子どもの育ちに対する保育者としての価値観をさりげなく盛りこんだフレーズであろう。保育者自身の感じたことや願いを吐露することで読み手に働きかける「思いの表明による方向づけ」というストラテジーが効果をあげている。このフレーズにより、子どもたちが、何気ない日々のクラス活動の積みかさねを通じて、運動技能だけにはとどまらないものを獲得しつつあることがおたよりの読者にも伝わるであろう。

　表3-2では、登園からクラス活動への切り替えが難しい子どもの対応に苦慮する場面が対象となっている。保育日誌では、気持ちの切り替えがうまくできなかったユウに焦点をあてて語る一方、クラスだよりにおいて、ユウの一件は「いろいろありました」と軽く触れただけで、園行事の華やかな雰囲気に読者の目が向くよう誘導している。そのうえで「ヒミツの練習」という意味深な言葉をキーワードに掲げ

表3-2　3月19日

保育日誌	クラスだより
「久しぶりにこじれたユウ」 朝から乳児さんのような泣き声をあげて母にゴネるユウ。母にハグされ、ようやっとおさまりどころを見つける。そして、卒園式練習へ。年長にプレゼントを渡しにいく練習で、ユウにとっては出るタイミングの判断がつかないのだろうか？　担任に出るタイミングが違っていることを告げられると、泣いて崩れるユウ。そして、イジケモードに。本人が切り替えない限り、どうにもならないと判断し、泣き止んでから練習に戻ってくるよう話し、残りの子どもたちで練習を進めた。その間、他児はユウのことを気にかけつつも、この流れで自分達がすべきことを理解しているので、練習に集中しようとしていた。しばらくすると、ユウも泣き止み、離れたところから練習を観ている。そして、最後の場面で合流。全員、何事もなかったように難なくこなし、ユウの機嫌も直った。	そうです。あと2回寝たら、卒園式です。なので、今日は“ヒミツの練習”しましたョ。年長さんに贈るプレゼントを渡す練習です。皆、自分が主役とばかりにキラキラ輝いた表情で、檀上にあがります。 でも、まぁ、“練習”ですからキラキラだけではやりこなせず、担任に叱られたり、いろいろありましたが、それもコレも乗り越え、本番に向けて流れをつかんだつき組さん。卒園式の主役である年長さんに花を添えられるよう、がんばりまーす！！ あ、卒園式、お楽しみ会の時と同じように、服を黒の上下でお願いします！ ビシっと決まるとイイなーー 卒園式は9:00 start です。余裕をもって登園おねがいします。スタートの出し物から、つき組さん、出番がありますよ〜

ることで、この日のクラス活動について、保護者一人ひとりがわが子との対話から直接的に聴きとるよう促しているのである。このように、場面設定と全体の雰囲気だけを示しながら「キーワードの設定による方向づけ」をおこなうことで、個々の子どもの状況を詳細に書きこまなくても、親子で対話するきっかけを創りだし、保護者がクラス活動の様子を具体的に想像できるよう配慮された。

　また、このクラスだよりでは、クラス活動の報告の後、式服の用意や早めの登園時間など、保護者にとっては負担にもなりうるお願いごとが連ねられている。しかし、お願いごとの前後に、式当日に向けた取り組みを描いたり、当日の出番の開始時刻を告げたりすることで、保育者側がお願いごとをせざるをえない理由が明確となった。保育者側から一方的に淡々と伝達すれば、保護者側としては命令として受け取ってしまう恐れもある。そこで、保育者は「根拠の提示による方向づけ」をおこなうことにより、保護者が意欲的に早起きや持ち物の準備ができるよう配慮した。このようにして、保育者は、やりとりの双方向性を大事にしながら保護者側の関与を促している。

②ネガティヴな場面を捉え直す際のストラテジー

　表3-3に示したように、この日のクラス活動は、クラスの栽培物の世話から除草剤の買い出し、という流れであった。保育日誌では、気持ちが乗らなかった子ども

表3-3　5月26日

保育日誌	クラスだより
「大風と共に」 雑草とり→水やりがいつもの流れだが、子どもたちにまかせてみると、皆、水やりから始める。それもダラダラモード。担任一人バケツを持って雑草抜きをするが、誰もピンとこない。ちょろちょろ、気のなさそうに水やり。そこで全体に「なんで？」と投げかける。手順の違うことも伝える。そんな始まりだったからか、雑草とり→トウモロコシの間引き→水やりまでやったのだが、今一つしまらない空気。たるん、と重たいカンジだ。このまま買い物にいくのもちょっと気が重いと感じていた担任だが、子どもたちにどんなものを買うのか説明してから一歩門を出ると、たちまち吹き抜ける大風にのって「わぁー」と駆け出していく子どもたち。畑での重い空気が一気にふきとんだ。	今日は風が強かったですね。 今のところ順調に育っている畑の作物達。 雑草もまだかわいいサイズ🌱 今のうちにね、今のうち！！ トウモロコシの間引きもしました。 よく見てみると、トウモロコシにアブラムシが！！ ピーマンの葉も穴あいてる…　虫食いか?！ 商店街のお花屋さんに木酢液を買いに行き、お花屋さんのご夫婦が子どもたちに「何を育ててるの？」と聞いてくれると、みんな鼻高々に「トウモロコシ！！」「じゃがいも！！」「トマト」「ナス」etcと返答。お花屋さんも「すごいね、八百屋さんよりいっぱいダ」と持ち上げてくれるので、最後はご夫婦とハイタッチで帰ってきました（笑）　ありがたいありがたいご近所さんとのふれあいです。

たちが園外に出ることで切り替わるまでの経緯を語っているのに対し、一方のクラスだよりでは、畑の風景へと視点を移動させ、「ダラダラモード」の子どもたちの姿が読者の目には入ってこないようにした。そして、子どもたちの気持ちが切り替わり、活発な様子を見せ始めたところから、あらためて焦点を子どもたちにあわせ、お花屋さんとの軽妙な会話からハイタッチまでを描写している。つまり、「視点の移動による選定」をタイミングよくおこなうことにより、同じクラス活動であっても、保護者にとって共感しやすい語りとなるよう、同じ場面を異なる角度から捉え直しながら語っていることがわかる。

③子どもの育ちを描きだす際のストラテジー

　表3–4のとおり、この日は、夏祭りで披露するクラスの出し物の練習に取り組む姿が取りあげられた。保育日誌では、「（保護者からの細かい指示がなくても、周囲の様子を見て）自分で気づく」という何人かの子どもたちが課題に直面している様子に焦点があわせられている一方で、クラスだよりでは練習風景の全体像が映しだされている。行事に向けて、期待に胸を膨らませる一方で、具体的な行動が伴わず、バチ一本で演奏しようとする一部の子どもたちに対し、保育者は、すぐに指摘して行動修正を促すのではなく、自ら気づくことを期待し、あえて見守るという援助を選択した。これらの出来事について、クラスだよりで、出来事の背景から保育者の援助の意図に至るまで、クラスの保護者全員に誤解なく伝えるのは難しいであろう。クラスだよりには、メディア特性として、限られた紙幅で読みやすさや分かりやすさを優先しなければならないからである。そこで、最後のセンテンスで、「意欲が

表3–4　7月16日

保育日誌	クラスだより
「自分で気づく、というコト」 太鼓が仕上がり、首から下げる。うれしそうな、顔、顔、顔。「みんなに、荒馬の太鼓、教えてあげるね」と担任。♪ドンドンドンドン、ドコドコドンドン♪　担任の動きを真似て、皆の手も動く。しかし、トシ・ユウ・ネネ・コウタは、バチ一本のみ。2本のイメージがつかめずにいたのだろう。子ども同士「一本しかないじゃん」と指摘していたが、当人たちはどこ吹く風。自分で気づいてほしい、と担任の願い。あえて声をかけず、ただただ手本を2本のバチで見せる。やっているうち、ユウだけは、サッと2本目も用意した。さぁ、残りの3人、どこまで感じ取るか？！	夏祭りまで、あと3日。 　毎度おなじみ、本番週で、ドタバタといろんなコトが急ピッチで仕上がっていく大ホール…（スミマセン…） もちろん、つき組さんの太鼓もけさ完成！！そして、デキたてホヤホヤの太鼓に、磨いて磨いてツルツルに仕上げたバチ持って、夏祭り会場にて、幼児クラスみんなで練習しました。一人ひとり、本番のイメージが、より明確になったかな？ （もう一つの出し物の練習の説明：略） 「カッコよくたたきたい！」「素敵に踊りたい！」意欲が高いから、みんなすごーく真剣な表情で吸収しようとしています。

高い」点に焦点をあて、「吸収しようとしています」と現在進行形で子どもの育ちの見通しを示した。つまり、保育者のとった援助行動を示すのではなく、その結果として予想される姿に至るまでの「経緯の提示による方向づけ」をおこなったのだ。このストラテジーには、それを読んだ保護者がわが子の姿をこれにあてはめて、具体的なイメージを思い描くことを促す意図が込められている。

(2) 量的分析の結果

量的分析では、まず、2年分のデータにおいて、ナラティヴ・ストラテジーが見いだされた日数を数え、その出現比率を算出した（表3-5）。

20XX年度データに対する質的分析では、8種類のナラティヴ・ストラテジーが見いだされた。ただし、単年度のデータへの質的分析だけでは、抽出されたストラテジーが、特定の保育者の癖のようなものなのか、保育者集団で共有されたコミュニケーション技法なのか、判別することはできない。しかしながら、複数年度にわたり一定の出現率を保ちながら出現するのであれば、偶発的な現象ではないことから、保育者集団において共有された専門的知識・技術として位置づけることも可能といえよう。そこで、量的分析において、両年度で10％以上の出現率の差が見られた二つのストラテジーは棄却した結果、表3-5のようになった。

判定の信頼性を担保するために、ランダムサンプリングで、分析対象となったデータより、1か月あたり1日分ずつ、合計24日分を抽出し、質的分析のトレーニングを受けたことのある学識経験者による再判定を実施したところ、100％の一致がみられた。

(3) 分析結果の統合

量的分析によって確認された6種類のストラテジーを、両年度のデータと照らしあわせ、各ストラテジーの定式化を図った。その結果は、表3-6のとおりである。

表3-5 ナラティヴ・ストラテジーの出現日数と比率

	焦点の調整による選定	視点の移動による選定	思いの表明による方向づけ	キーワードの設定による方向づけ	根拠の提示による方向づけ	経緯の提示による方向づけ
20XX 年度クラス	96日 53.6%	39日 21.7%	88日 49.1%	14日 7.8%	33日 18.4%	71日 39.6%
20XX-1年度クラス	85日 54.3%	46日 29.3%	86日 56.6%	13日 10.0%	22日 19.4%	66日 43.3%

表3-6　ナラティヴ・ストラテジーとその内容

名　称	内　容
焦点の調整による選定	ある実践のなかから、受け手に伝えたい出来事を精選して焦点をあわせ、集中的に叙述する技法
視点の移動による選定	ある実践について、異なる角度から複眼的に捉えたうえで、受け手に伝えたい出来事を精選して叙述する技法
思いの表明による方向づけ	実践のなかで語り手自身が感じたことや願いを吐露することで、受け手における解釈に影響を及ぼす技法
キーワードの設定による方向づけ	記憶に残りやすいキーワードを設定し、ふりかえりや質問が行いやすくなるよう配慮することで、やりとりを深めていく技法
根拠の提示による方向づけ	一方的に協力依頼するのではなく、その背景や効果を詳細に記述することで、受け手側の協力行動を引きだしていく技法
経緯の提示による方向づけ	出来事を進行形や未来形の文体で記述することにより、専門的知識が不十分でも、実践のプロセスやその効果を具体的に理解できるよう促す技法

前節で示された分析結果より、ナラティヴの構造的特徴を参照しつつ（本書第1章）、各ストラテジーの関係性について検討したい。

　ナラティヴそのものは、出来事を二つ並べるだけで成立するが、その場面を共有していない場合、これだけでやりとりを継続させるのは難しい。ナラティヴにプロットや文脈が加わり、意味を読みとれるストーリーへと進化すれば、その場面に居合わせなかった人でも、語られた内容を理解することが可能となる。

　ほとんどの場合、クラス活動を見ることができない保護者を読者として想定し、彼らにとって分かりやすいクラスだよりを作成するプロセスでは、①出来事を選定する段階（何を書くか）と、②出来事に意味を付与して、相手の理解を方向づけていく段階（どのように書くか）、に大別されるであろう。

　以上のプロセスを念頭におきつつ、本研究で見いだされた各ストラテジーの位置関係を確認しよう。すると、最初に、さまざまな体験のうち、どれを出来事として認識し、クラスだよりのトピックスに取りあげる「選定」の段階があり、「焦点の調整による選定」「視点の移動による選定」が該当する。次に、出来事に意味を付与して共感的語り（メッセージ）へと変換する「方向づけ」の段階では、「思いの表明による方向づけ」「キーワードの設定による方向づけ」「根拠の提示による方向づけ」「経緯の提示による方向づけ」が相当する。これら二つの段階を経由することにより、注意深く観察していても見落としがちな保育室での細々とした出来事は、読み手の共感を喚起するメッセージへと変換されたのち、クラスだよりというメディアを通じて発信される（図3-1）。

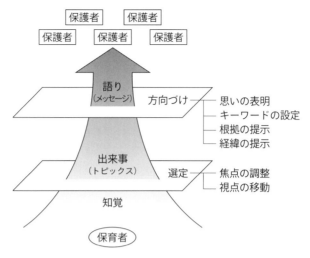

図3-1　各ストラテジー間の関係

4　ナラティヴの多様性とその効用

　事例で示したとおり、同じ保育者が同じクラス活動を対象としているにもかかわらず、基調となるトーンやテンションの異なる語りが、折にふれて出現した。「どれを取りあげるか」「どのように意味づけるか」によって、発信されるメッセージが左右されていた。本節では、このような語り口の多様性とその効用について考察したい。

　通常、保育者が、子どもたちのふるまいを理解しようと試みた場合、前後の状況や背景などを考えあわせつつ、専門的な観点から子どもの姿を観察し、理解する。子ども理解や保育実践へのふりかえりが独りよがりなものとならないよう、会議で議論したり、同僚とお茶を飲みながら語りあったり、エピソード記録を作成したりするなど、さまざまな試みがなされている。

　T園の保育者たちの場合、毎日、エピソードをもとに考察する書式の保育日誌に加え、クラスだよりも作成して、保護者たちとも語りを共有していた。これらの文書において、想定される主な読者は、保育日誌では園長をはじめとする職員集団、クラスだよりでは保護者集団である。前者は専門職集団であるため、暗黙の前提に基づく専門用語でも意思疎通できるが、後者の場合は、共感的で分かりやすく印象に残りやすい文章でなければ読んでもらえない恐れがある。そうなった場合には、

保護者との間で信頼関係を持続させたり、緊密に連携したりすることが難しくなるであろう。だからこそ、できるだけ専門用語を使わずに、保護者たちが共感しやすいポジティブな文章を綴る努力がなされている。

　このような微細かつ緻密な配慮は、保護者だけではなく、保育実践そのものにも影響をもたらすであろう。歴史・文化・社会のすべてにおいて普遍的かつ絶対的な実践や事柄を想定する本質主義に立つ人びとからみれば、ある「真実」を反映した唯一の正しい記述が存在し、異なるものは排除されるが、社会構成主義の視座によれば、語りの差異や多様性とは、単なる言い回しの違いを超え、さまざまな価値観や世界観の共存が反映されたものである。

　たとえば、運動会に向けたうんていの練習について（表3-1）。園内向け文書である保育日誌では、普段とは違う遊具であったために、「握り下手」となり「スパーンとやりきれる子がいない」状態が反省されていた。一方、保護者の目を意識しながら作成されるクラスだよりでは「昨年のつき組さんが話題にしていた"ガンバリまめ"、ついに、今年のつき組さんの手にもできはじめています‼」と、同一の出来事が異なる語り口でしめされ、文章から浮かび上がってくる子どもの姿も、保育日誌とクラスだよりでは異なるものとなっている。この事例の場合、その日の目標に到達できたか否かという点からいえば、残念ながら努力の甲斐なく、うんていにぶら下がった子どもたちが、自らの腕の筋力だけで端から端まで渡りきることは、クラス活動が終了した時点ではできなかったのである。しかし、子どもたちが練習を重ねるなかで手のひらにできた"ガンバリまめ"に注目することで、新たな語りが産みだされた。つまり、昨年度に、同じように挑戦をしていた子どもたちも、うんていを最後まで渡りきるまでに、失敗を重ねながらも練習をくりかえすなかで、手のひらに"まめ"ができていたことを子どもたちとともに思い起こし、「イタイ、でも、（この調子で練習を重ねれば、自分の力でうんていを渡りきることができるようになるだろうから）ウレシイ」という気づきにいたった。そして、「できた」「できない」と一喜一憂するのではなく、丁寧に、日々の保育実践を積みあげていくことが、子どもたちの「心にたっぷりの満足感と自信を蓄え」ることを促し、やがて、新たな学びや育ちへとつながっていくという見通しをあらためて確認できたのではないか。

　調査の結果から、おたよりを作成する際、読者となる人びとの顔を思いうかべながら、子どもたちのふるまいを捉え直し、共感的メッセージとして発信することは、保育実践をふりかえったり、別の側面に気づいたりする機会をもたらすことが明らかにされた。保育者がさまざまなナラティヴ・ストラテジーを駆使しながらやりとりを重ねていくことは、保護者たちとの相互理解を深めるだけでなく、社会にも開

かれた新たな語りを産みだす契機にもなる。

5　まとめ

　本研究では、保育園4歳児クラスで作成されたクラスだよりと保育日誌を比較することにより、保育者が保護者に対して共感的メッセージを伝達するために活用しているナラティヴ・ストラテジーとして、選定段階の2種類（焦点の調整、視点の移動）と、方向づけ段階の4種類（思いの表明、キーワードの設定、根拠の提示、経緯の提示）が見いだされた。

　これら6種類のストラテジーは、図3-1のとおり、①出来事を選定する段階（何を書くか）と、②出来事に意味を付与して、相手の理解を方向づけていく段階（どのように書くか）の二つの段階に位置づけられ、相互に関連しあいながら作用していることが示された。

　保育実践においては、保育者が園における子どもたちの姿を保護者に伝える機会が設けられている。連絡帳のように、個別にやりとりされるものもあれば、本章で取りあげたおたよりのように、クラスや園で一斉に伝達する場合もある。さまざまな声が響きあうなか、それぞれのメディア特性を生かしつつ、一方的な伝達ではなく、保護者とのやりとりにつながるような伝え方が工夫されており、保育者集団のなかで共有されて精錬された結果、ナラティヴ・ストラテジーという高度なコミュニケーション技法として観察することができた。

第**4**章
パフォーマンス的ナラティヴ分析
生活画研究

1 生活画のナラティヴ特性

(1) 子どもの絵を〈聴く〉ために

　保育園2歳児クラスのもも組で、担任保育者と子どもが力をあわせてつくりあげた生活画の作品（図4-1）と、そのかたわらで筆者が作成したフィールドノーツの冒頭部分である。

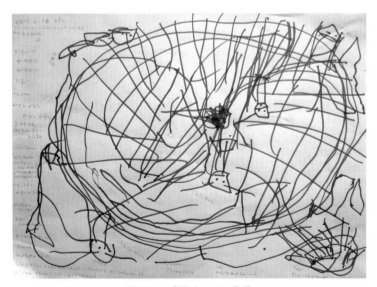

図4-1　2歳児クラスの作品
（事例4-3：線路を示す線と逆向きに描かれた「頭足人（幼児特有の表現技法による人物像）」のわきに、子どもの発話内容が筆記されている）

もも組（2歳児クラス）にて、お昼寝から起きてきた子どもたちがおやつを食べ終えた後、思い思いに過ごしていた。机の上に、A3サイズよりやや大きめの模造紙を広げ、トモが人待ち顔で座っていた。他児とのやりとりを終えた保育者が「トモちゃん、お待たせ」と言いながら隣に座ると、トモは小さな手のひら全体で太マジックを握りしめ、腕全体を使って、中心から外に向けて、放射状の直線を引き始めた。その傍らで、保育者は、その様子を静かに見守り続けた。やがて、トモがリズミカルにつぶやきながら、腕全体をつかって線を引き始めた…（事例4–3に続く）

　この実践の基盤となっているのは、日本各地の保育園や幼稚園などで、半世紀近い蓄積をもつ生活画活動である（たとえば、美術教育をすすめる会 1990, 板井 1996, 新見 2010, 大阪保育問題研究会美術部会 2014）。その特徴は、子どもと保育者とのマンツーマンを基本とするやりとりのなかで、協働的に制作する相互作用プロセスにある（浜谷 1988）。

　生活画活動では、子どもが自らの日常生活体験から作品テーマを選択し、単色のマーカーで描きながら、保育者を相手にエピソードを語る。保育者たちは、子どもの発話だけでなく、線描も広い意味での言葉と見なし、両方を手がかりとしながら、子どもとの対話を通じて、その思いや考えを聴きとり、余白にその会話の経緯を筆記して作品を完成させる（図4–1と図4–2を参照）。一枚の紙の上にイメージが凝縮されて、一つのテーマに沿ってまとめ上げられることもあれば、連続して異なるテーマの作品が産み出されることもある。

　生活画とは、与えられた課題に即して制作される絵画（たとえば、「遠足の思い出」「お母さんの顔」）とは異なり、子どもが描きたいときに、自分で描画内容を決め、クラス担任との対話を通じて、イメージを膨らませ、これを線描で表現したものである。その制作プロセスでは、線描という視覚的要因だけでなく、出来事の語りあいという物語的要因も重要である。しかし、幼い子どもの場合、この物語的要因が障壁となるのではないかという疑問が湧きあがってくる。なぜなら、ナラティヴ運用能力に関する発達心理学的知見によれば、ナラティヴを産出すること自体は満3〜4歳ごろには可能だが、第三者にも客観的に理解できるストーリーを、幼児が単独で語ることは難しいからである（Minami 2002）。ただし、親密な関係にある大人が〈聴く〉努力を惜しまなければ、幼児が口にした言葉をもとに「ナラティヴのようなもの」や「ストーリーのようなもの」を語ることはできる。特に、生活画の場合、子どもの発した言葉に並行して、関連する事物や出来事が線描として紙の上に表象されるため、保育者にとっては子どもの語りを〈聴く〉ための手がかりが増え、さまざまな〈聴く〉ためのナラティヴ・ストラテジーの効果があますところなく発

揮された結果、物語的要因が補強されるであろう。

　つまり、保育者たちは、第三者的には理解困難な発話であっても、「○○ちゃんのお話」として受けとめるために、ただ「聞く」のではなく、積極的に〈聴く〉。この相互作用プロセスにおいては、単に音声情報を受けとる（＝聞く）だけではなく、さらに、さまざまな角度からの解釈を入念に施すことで、語りに込められた思いを発掘し、共感に理解しながら〈聴く〉ことを試みられている。本書では、このような戦略的なコミュニケーション技法を「〈聴く〉ためのナラティヴ・ストラテジー」と定義する。

　以上より、本研究では、パフォーマンス的ナラティヴ分析により（二宮2014）、生活画の制作を援助するために保育者たちが培ってきたナラティヴ・ストラテジーを探索し、これが子どもと保育者とのやりとりのなかでどのように作用するのか可視化することを研究目的として、質的分析と量的分析を組みあわせてアプローチする。

（2）フィールドの特徴

　まず、分析対象となる年齢を絞りこむために予備調査を行った。20XX年4月から10月にかけて、首都圏にある保育園3園の1〜5歳児クラス、のべ10クラスにおいて、幅広い見地から生活画実践の実態を把握し、子どもの発話にナラティヴやストーリーが安定的に見いだせる時期を絞りこむことを目的に、フィールドワークを行った。その結果、園全体で生活画実践に取り組んだ場合、保育者がナラティヴ・ストラテジーを駆使しながら援助することによって、制作中に子どもの口からナラティヴが安定的に産出されるようになるのが満3歳頃であり、ストーリーでは満5歳頃に可能となることが分かった。したがって、この年頃の子どもが在籍する2歳児クラスと4歳児クラスを本調査の対象とする。

　本調査では、翌年1月から3月にかけて、制作中の子ども−保育者間のやりとりを調査対象として、2歳児クラスで計70ケース、4歳児クラスで計55ケースの観察をおこなった。分析対象の選定基準となったのは、保育者の発話を除いたうえで、2歳児では発話からナラティヴが見いだされること、4歳児では発話からストーリーが確認されることである。すなわち、2歳児クラスでは、子どもの発話のなかに、出来事レベルの語りが2行以上含まれていてナラティヴレベルの語りとして成立していること、4歳児クラスでは、上記に加え、子ども自身による解釈が1行以上含まれており、ストーリーレベルの語りとして成立していることが目安となる。この基準を満たして分析対象となったのは、2歳児クラスで全70ケース中58ケース（82.8%）、4歳児クラスで全58ケース中40ケース（72.2%）であった。保育者側の発話は2歳児クラスで計743行、4歳児クラスで計686行となった（表4-1参照）。

表4-1　分析対象のプロフィール

クラス	調査時期	平均年齢	子ども の人数	担任の人数	分析対象の ケース数	保育者側の 発話行数
20XX 年度 2歳児クラス	2 〜 3月	3歳5か月	8名	2名	38ケース （82.6%）	445行
20XX+1年度 2歳児クラス	9 〜 10月	3歳2か月	7名	2名	20ケース （83.3%）	298行
20XX 年度 4歳児クラス	10 〜 3月	5歳3か月	8名	1名	18ケース （72.0%）	290行
20XX+1年度 4歳児クラス	10 〜 3月	5歳4か月	10名	1名	22ケース （73.3%）	396行

2　パフォーマンス的ナラティヴ分析の方法

(1) パフォーマンス的ナラティヴ分析

　本章で採用するパフォーマンス的ナラティヴ分析は、キャサリン・コーラー・リースマンの「対話／パフォーマンス分析」(Riessman 2008=2014) のうち、特に、パフォーマンス的側面の分析手法を参照しつつ、筆者が開発した。ここでいうパフォーマンスとは、表情や身ぶりなど、アーヴィング・ゴッフマンが示した自己呈示のコミュニケーション技法に相当する（Goffman 1956=1974）。パフォーマンス的ナラティヴ分析では、語り手が聴き手とのやりとりのなかで、いかにして、自らの経験を、ナラティヴの形式を活用しながら表現していくのか探究する。このコミュニケーションには、言語的側面だけでなく、うなずきや微笑などの非言語的側面も含まれる。ナラティヴが語り手と聴き手との共同作業により生成されるプロセスを可視化するために、言語形式の一つであるナラティヴに対し、非言語的に表示される文脈も含めて分析する。

　本章で分析対象となる生活画活動の場合、描画と対話を同時並行で進めながら、子ども自身の物語に裏打ちされた絵画作品の共同制作をおこなう。その相互作用プロセスをつぶさに観察し、物語側面を支えているコミュニケーション技法を可視化することをめざす。

(2) 分析手続き

　事前に担任保育者の許可をとったうえで、IC レコーダーで録音しつつ、やりとりを筆記し、のちに作品を写真撮影した。録音された音声データは、逐語的に起こ

した。他児との会話など生活画実践とは関係ない部分を除去し、必要な語を括弧書きで補った。さらに、主語と述語によって構成される文を1行として改行した。本研究では、この1行を一つの出来事としてカウントした（Gee 1991）。

　まず、質的分析として、子どもと保育者による相互作用プロセスのなかから、保育者の用いたナラティヴ・ストラテジーを探索し、子どもが口にした言葉にどのような作用を及ぼしたか探った。次に、量的分析により、ナラティヴ・ストラテジーを含むケースおよび保育者側の発話行数を計測して分析対象全体に対する比率を算出した。この計測作業には、同年齢クラス間における比率に顕著な差異があるか否かを判定することで、一時的あるいは偶発的事象ではないことを確認する手続きも含まれている。

3　〈聴く〉ためのナラティヴ・ストラテジー

(1) 言葉をナラティヴ化するストラテジー

　2歳児クラスにおいては、子どもが発した言葉に対し、保育者がナラティヴ・ストラテジーを駆使しながら〈聴く〉ことで、「言葉」を承認しうる「出来事」へと変換し、つなぎあわせてナラティヴレベルの語りへと移行させる「言葉をナラティヴ化するストラテジー」が見いだされた。

①主語の設定による出来事叙述の方向づけ

　二重下線で示したような、「その出来事は、誰（と誰）によるものか？」と登場人物を明確にするナラティヴ・ストラテジーは、58ケース中24ケース（41.3%）で見られ、保育者側の発話743行中41行（5.1%）に含まれていた。

　事例4-1　3歳0か月児
　　この絵の描かれた前日は誕生日だった。大きな丸をグルグルと描き、その後、手を止め、丸を指さしながらいう。
　　子ども　「くまケーキ。
　　　　　　チョコでつくってるんだよ」
　　保育者　「チョコで作ったケーキなの。
　　　　　　誰と食べたの？」
　　子ども　「（家族）みんなで（食べた）。
　　　　　　T（＝語り手）がね、（ケーキは）おおきいのがいいっていった」

続きを描き始める。（以下、省略）

　この事例では、まず子どもが、「くまケーキ」について述べた。この子を深く知らない第三者が、この発話を理解しようと試みた場合、この時点では、この語りと語り手自身の経験の間に、どのような結びつきがあるのか分からない。しかし、保育者が「誰と食べたの？」と質問し、子どもが「（家族）みんなで」と答えたことで、「家族で、くまの顔をかたどったチョコレート味のバースデー・ケーキを食べて、誕生日のお祝いした」という出来事とその意味が読みとれるようになった。もし、この質問がなければ、ケーキの描写で終わってしまい、これをめぐる出来事が語られることはなかったと予想される。単に、「くまケーキ」という事物の描写に終わるのではなく、「家族に誕生日をお祝いしてもらった」という子ども自身にとって重要な出来事を語るよう働きかけたのである。

　もっとも、担任保育者にしてみれば、その前日が誕生日であったことは、すでに分かっているので、質問に対する答えはあらかじめ予想されていたはずだ。それでも、あえて「誰と？」と問いかけて、子どもの口から答えさせるように促した。子どもが自らの体験をふりかえりながら語ることを期待したからである。

　幼い子どもにとって、生活画とは、対象を写生したものではなく、記憶している体験を再現したものである（新見 2010）。このため、その題材は、子どもにとってなじみ深く、かつ描きやすい事物が選ばれがちである。点を打って「雨」、線を引いて「ヘビさん」、丸を描いて「リンゴ」「パン」など、線描と命名の組みあわせはパターン化しやすい。このため、子どもの発話や線描に、体験自体の固有性が反映されにくい面もある。しかし、「誰（と誰）が」と主語を明確にすることによって、その事物にまつわる体験を断片的な「言葉」で示すのではなく、「出来事」に変換して語るよう方向づけることができる。

　次に示す、遠足の昼食場面をテーマとする事例（事例4-2）でも、保育者は「一緒に食べたのは誰だっけ？」と問いかけていた。それまでの子どもの発話には、聴き手である担任の姿しか見いだせなかったが、このストラテジーを用いることで、聴き手だけでなくクラスメートたちも同じ場面を共有していたことに、自分で気づくよう促した。担任保育者との二者関係のなかの出来事ではなく、クラスという集団内での出来事として、子どもの視野が広がるよう働きかけたのである。

②時制の調整による出来事叙述の方向づけ

　波下線部のように、現在形で語られた部分を正しい時制へと導くナラティヴ・ストラテジーは、58ケース中34ケース（58.6%）、保育者側の発話743行中110行

（14.8％）で観察された。

事例4–2　3歳4か月児
　　最初から無言で描き続けていたが、手を止めて、顔を上げ、指さしながら言う。
　　子ども　「これ、Y先生！（＝聴き手である保育者）
　　　　　　ごはん食べてるの。
　　　　　　そして、わらってるの」
　　保育者　「そう、（昨日の遠足で）お弁当、みんなで食べたもんね。
　　　　　　一緒に食べたのは誰だっけ？」
　　子どもは大きくうなずき、同席していた別の人物を描き始める。
　　（以下、省略）

　通常、出来事は、語り手の直接的体験に基づくため、過去時制で語られる。しか
し、調査対象となった2歳児クラスでは、文法的にはそぐわない時制がよくみられ
た。語り手自身の過去の体験を表現しようとしていることが明白な場合でも、「ご
はん食べてるの」といった具合に、現在形のまま語ることが多かったのである。語
る意欲を尊重することを優先するために、あえてそのまま復唱することもあったも
のの、多くの場合「みんなで食べたもんね」のように、過去形に言い換えてフィー
ドバックしていた。
　このケースの場合、もしも保育者が「Y先生、ごはん食べてるの」と忠実に復唱
したならば、「Y先生」や「ごはん」（たとえば、おにぎり、パン）という、幼い子ども
にとって描きやすい、身近な人物／事物の描写だけで満足してしまい、前日の体験
が物語られることはなかったかもしれない。しかし、保育者が過去形に言いかえな
がら応じたことで、クラスで輪になって座り、遠足のお弁当を食べたときの様子を
表現するよう促された。その効果として、一連の会話の直後にその場を共有してい
た別のクラスメンバーを描き始めた。つまり、〈聴く〉ためのナラティヴ・ストラ
テジーを活用することで、クラス活動としての「遠足の思い出」をテーマとするナ
ラティヴを展開しながら体験画として表現するよう誘いだされたのである。
　同様に、事例4–1の場合も、「（そのケーキは）誰と食べたの？」と過去形で質問す
ることで、ケーキの描写ではなく、その前日の家族イベントをテーマとすることに
成功した。以上のように、時制を調整するストラテジーを用いることで、出来事レ
ベルの語りに対して文脈上の適正化がなされ、実体験に裏づけられたナラティヴレ
ベルの語りへと促すことができた。

③復唱と関連質問による出来事叙述の方向づけ

破線部のように、まず子どもの言葉を復唱し、さらに次の行で、復唱された言葉に関連づけた質問を発することで、単語をつなぎあわせて出来事レベルの語りを協働的に生成していくナラティヴ・ストラテジーは、58ケース中31ケース（53.4%）、保育者側の発話743行中78行（10.4%）で見いだされた。

事例4–3　3歳4か月児（図4–1）

まず最初に電車を描いた後、リズミカルにつぶやきながら、線路を示す線を紙の端から中央に引き続ける。

子ども　「ガタンゴトン、ガタンゴトン…」

保育者　「ガタンゴトン、ガタンゴトン…（口調も真似て）

　　　　　誰が乗っているの、その電車？

　　　　　Tちゃんが乗っているの？」

子ども　「これはすいぞくかん、これはY先生（＝聴き手）。」

保育者　「Y先生（この復唱に対してうなずいたことを確認する）。

　　　　　ここにY先生いるの？（電車を指さしながら）」

子ども　「Y先生はね、えきでまってる」

保育者　「駅で待ってるの（確認するような口調で）。

　　　　　（聴き手は）誰と水族館まで行くんだろう？」

子ども　「Tちゃんと！（顔を上げ、叫ぶように）」

保育者　「Tちゃんと行くのね！（声のトーンを上げながら）

　　　　　じゃあ、駅で待ってるのね、一緒に？」

子ども　「（駅には）いなーい。

　　　　　Tは一人で、でんしゃにのってる（クスクス笑いながら）」

保育者　「Tは一人で電車に乗ってるの。

　　　　　（Y先生は）おいて行かれちゃったんだぁ」

子どもはいたずらっぽい表情のまま、別の人物を描きはじめる。（以下、省略）

　音声を媒介とする話し言葉は、書き言葉とは異なり、口にした瞬間から消え去っていく性質をもつ。だからこそ、保育者たちは、語り手の子どもが口にした言葉を一つひとつ丁寧に返すことで、出来事レベルの語りに向けた基礎固めしているのであろう。ここで興味深いのは、保育者たちが、発話を出来事レベルの語りへと促すだけでなく、さらに質問も追加することで、ナラティヴレベルへの移行も同時進行でなされていることだ。このケースの場合、最初は「ガタンゴトン」という音声を

一緒に楽しんでいたが、子どもが飽きてきたのを見計らって、「誰が乗ってるの？」と質問した。その結果、走行する電車のイメージを表象しただけにとどまらず、電車で外出したという語りの成立へと導いた。つぶやきながら描いた直線などを手がかりに、さらに関連する質問を加えることによって、登場人物や場が明確となり、単なる「言葉」の羅列から、「出来事」がつなぎあわされた「ナラティヴ」の成立へ、言語水準が移行したのである。

（2）ナラティヴをストーリー化するストラテジー

4歳児クラスでは、子どもが発したナラティヴに対し、保育者が筋や文脈を明確化することで、複数の出来事を並べただけのナラティヴレベルの語りから、その意味内容が第三者でも理解可能なストーリーレベルへと移行させていく「ナラティヴをストーリー化するストラテジー」が見いだされた。

①出来事の序列化による要点の絞りこみ

下線部の質問のように、子どもが事物の命名や出来事の説明を終えた後、描いた事物をもとに「このなかで何が一番、〇〇なの？」「～のうちどちらが、〇〇だったの？」などと、話の要点を絞りこんでいくストラテジーは、40ケース中7ケース（17.5%）、保育者側の発話686行中20行（2.9%）で見いだされた。

　事例4–4　5歳5か月児（図4–2）
　　線描は完成しており、保育者は畑の様子の詳細な描写を聴きとって作品中に書きいれた後、子どもの顔を覗きこみながら質問した。
　　保育者　「で、今日の草取りどうでしたか？」
　　子ども　「（うつむいたまま、間髪いれずに）たのしかった」
　　保育者　「何が一番楽しいの、草取りの？」
　　子ども　「（顔を上げ、しばらく考えた後、ようやく口を開く）
　　　　　　えーと…、くさをはこんだところ。
　　　　　　かまくらみたいだった」
　　保育者　「あの上、のってみた？（さらに子どもの顔を覗きこむ）」
　　子ども　「（眉をひそめ、首を横にふりながら、答える）
　　　　　　のぼりたいけど、のぼれないんだ。
　　　　　　ドーンってたおれちゃうから（照れた表情に変わる）」
　　お互い顔を見あわせ、微笑んだ後、保育者は語られた言葉を書きいれ、話題は次の出来事に移る。（以下、省略）

図4-2　4歳児クラスの作品（事例4-4）

　このケースの場合、語りがはじまる前に、すでに、紙には畑の畝や育てている野菜の苗やツルの様子が写生画のように丹念に描きこまれていた（図4-2参照）。データ以前のやりとりでは、場面描写は綿密になされていた反面、子ども自身の解釈は全く示されていなかった。そこで、子どもの語りが一段落してから、保育者が「〜はどうでしたか？」と解釈の提示を求めたが、目を伏せたまま反射的に「たのしかった」と短くつぶやいたきりだった。保育者はやや身を乗り出し、声のトーンを上げて、期待感をにじませながら、出来事に対する子ども自身の解釈を求めたにもかかわらず、表面的な反応しか返ってこなかったのである。それでも保育者はあきらめずに、さらに「何が一番楽しいの？」と叙述対象となる出来事に焦点をあわせた質問を投げかけた。すると、ようやく、そのときの様子を「かまくらみたいだった」と比喩的に表現したり、「のぼりたいけど、のぼれないんだ」と相反する感情をふりかえったりすることができた。

　ストーリーが、ナラティヴレベルの語りを超えた、意味あるものとして聴き手から承認されるためには、語り手自身の解釈すなわち場面評価が不可欠である。生活画実践の場合、保育者は子ども自身の「思い」が表現されることを期待しているのである。草取りはクラス活動であったため、保育者もその場面については熟知しており、子どもが保育者の期待に応えるストーリーを語ろうとすれば、みずからの視

点にもとづく出来事への解釈が明示されなければならない。そこで、保育者はナラティヴ・ストラテジーを活用し、その場面を構成する複数の出来事を序列化して示すよう促した。その結果、場面描写は背景へと退き、場面解釈に光があてられ子ども自身の「思い」がくっきりと浮かびあがってきた。

②線描技法の解釈による場面評価の方向づけ

これまで、幼い子どもの線描発達に関する研究によって、描き手にとって重要な人物や事物を相対的に大きく描く表現方法や、背景として配置された太陽や花などに表情を描きこんで擬人化した「アニミズム表現」など、幼児特有の認識を反映した線描技法の数々が明らかにされてきた（たとえば、板井 1996）。下線部のように、これらの幼児期における線描に関する専門知識を手がかりに線描内容を解釈して、絵や話に込められた気持ちをくみとろうとするストラテジーは、40ケース中12ケース（30.0%）、保育者側の発話686行中41行（5.9%）で見いだされた。

事例4–5　5歳3か月児

　　運動会をテーマに、紙面中央に自分やクラスメートが演技している様子を描き、説明する。さらに、その横に応援にきた家族を描く。

　子ども　「（指さしながら）おばあちゃんは、これ」
　保育者　「大きい、すごい！
　　　　　　おばあちゃん、来てくれたの、うれしかったね」
　子ども　「うん、（演技を見て）手をたたいてよろこんでるの
　　　　　　（腕の部分を指さしつつ、保育者と目をあわせ微笑む）
　　　　　　おじいちゃんもね、お父さんも拍手してくれたの」
　その横に描きこんだ祖父や父についても話し始める。（以下、省略）

　　紙面には「運動会で、大勢の観客に見守られているなかで、4歳児クラス全員で踊っている場面」が細かく描きこまれていた。ひととおり線描を終えた後、簡単に、描いた内容を説明してから、最後に、紙面の端の余白部分に、自分の家族や親戚の人びとを書きたしてから「おばあちゃんは、これ」と指さし、上記のやりとりがなされた。

　　かたわらで記録していた筆者には、運動会の出来事をテーマとする描画であったことから、紙面の中央に書かれた子どもたちが踊る様子が注目され、クラス競技に関する語りが続くものと、当初は予想した。しかし、実際には、最後に、周りの観客よりも大きく、人物像を描き加えたことに、保育者は注目して「大きい、すご

い！」と反応したのである。これは、描き手にとって重要な意味をもつ対象は相対的に大きなサイズで描かれるという幼児独特の線描技法に関する専門的知識にもとづく対応である。相対的に大きなサイズに描かれた対象が、子ども自身にとって重要な人物であり、自分のことを承認してもらいたいと願う対象であることを、保育者は読みとったうえで、「おばあちゃん、来てくれたの、うれしかったね」と声をかけて、その時の気持ちを共感的に受けとめた。その結果、運動会の競技の様子だけでなく、これを見守っている人について描写する語りも引き出された。「描画技法の解釈による場面評価の方向づけ」というナラティヴ・ストラテジーを活用しながら、保育者が子どもの線描を解釈することにより、「運動会で、クラスのみんなと一緒に踊った」というストーリーから、「大好きな家族に運動会に来てもらって、自分が姿を見てもらうために、クラスのみんなと一緒に踊った」というストーリーへと深められたのである。

(3) 量的分析の結果

　本書で見いだされた〈聴く〉ためのナラティヴ・ストラテジー、すなわち、2歳児クラスで見いだされた「言葉をナラティヴ化するストラテジー」と4歳児クラスにおける「ナラティヴをストーリー化するストラテジー」について、表4-2および表4-3に、出現頻度および出現率を示した。

　これらの表に示された各ナラティヴ・ストラテジーの出現率を、それぞれ年度間で比較した場合、2歳児クラス各2名ずつ、4歳児クラス各1名ずつ、聴き手となった保育者はそれぞれ異なっているにもかかわらず、顕著な差異を見いだすことは難しい。つまり、抽出された五つのナラティヴ・ストラテジーは、一時的あるいは偶発的な事象ではないことが確認された。

　また、2歳児クラスにおける「言葉をナラティヴ化するストラテジー」と4歳児

表4-2　言葉をナラティヴ化するストラテジー

	①主語の設定による出来事叙述の方向づけ		②時制の調整による出来事叙述の方向づけ		③復唱と関連質問による出来事叙述の方向づけ	
20XX 年度クラス	15ケース (39.4%)	28行 (6.2%)	20ケース (52.6%)	65行 (14.6%)	21ケース (55.2%)	53行 (11.9%)
20XX+1年度クラス	09ケース (45.0%)	13行 (4.3%)	14ケース (70.0%)	45行 (15.1%)	10ケース (50.0%)	25行 (8.3%)
合　計	24ケース (41.3%)	41行 (5.1%)	34ケース (58.6%)	110行 (14.8%)	31ケース (53.4%)	78行 (10.4%)

表4–3　ナラティヴをストーリー化するストラテジー

	①出来事の序列化による 要点の絞りこみ		②線描技法の解釈による 場面評価の方向づけ	
20XX 年度 クラス	3ケース （16.6%）	10行 （3.4%）	6ケース （33.3%）	21行 （7.2%）
20XX+1年度 クラス	4ケース （18.1%）	10行 （2.5%）	6ケース （27.2%）	20行 （5.0%）
合　　計	7ケース （17.5%）	20行 （2.9%）	12ケース （30.0%）	41行 （5.9%）

クラスにおける「ナラティヴをストーリー化するストラテジー」を比較した場合、後者は、ナラティヴレベルでは安定的に成立しているためか、前者に比べ出現頻度の合計値が低く、働きかけがゆるやかなものとなる傾向があった。

4　「聴く」と「聞く」の差異

　3節では、言語運用に習熟していない幼い子どもたちの語りを〈聴く〉ために、ナラティヴ・ストラテジーが活用され、子どもの言葉に対し「方向づけ」や「絞りこみ」といった働きかけが行われていることがわかった。聴き手となった保育者たちは、ナラティヴを成り立たせるうえで重要な言葉を反復したり、中核となる言葉を引きだしたり（たとえば、「〜したのは誰？」）、絞りこんだりしていたのである（たとえば、「何が一番〜なの？」）。その効果として、客観的には理解しにくい子どもたちの言葉が、より高い言語水準へと移行し、「○○ちゃんのお話」があらわれた。このような相互作用プロセスを丁寧にたどることで、断片的だった言葉をナラティヴ／ストーリーのレベルまで組織化していく〈聴く〉ためのナラティヴ・ストラテジーの展開過程が明らかにされた。

　これまで、エスノメソドロジーの会話分析の成果として、日常生活場面で言語運用に習熟した者同士による物語り行為では、語り手だけではなく、聴き手もあいづちやうなずきなどのナラティヴ・スキルを使用しながら「聴く」ことで、語りの秩序を成立／維持させていることが、緻密な観察と記述によって可視化されてきた（Sacks 1972, Mandelbaum 1993, 浦野 1998）。しかし、保育園において生活画作品の土台となるようなナラティヴやストーリーを生成／維持しようとする場合、子どもの語りに対して、保育者がナラティヴ・スキルを使用するだけでは不十分であることは、発達心理学的知見で再確認するまでもない。子どもの言葉を〈聴く〉ためには、よ

り戦略的なコミュニケーション技法の助けが必要である。子どもとむきあって、単に「聞く」だけでなく、目線を共有しながら寄り添って思いを受容しつつ、「方向づけ」や「絞りこみ」等の働きかけもおこなう。単語が羅列されただけの混沌状態に対し、〈聴く〉ためのナラティヴ・ストラテジーのもつ組織化機能が作用することで、固有名が冠された「○○ちゃんの物語世界」が、第三者にも理解しうるかたちで立ち現れてくるのだ。

　美術においては視覚的な側面が重視されることが多いが、社会構成主義に立つナラティヴ・アプローチでは、保育者が〈聴く〉ことを通じて語りやイメージの組織化を促すことで、子どもが自らの社会的世界を言語的に構成し、それを視覚的表象に変換して、紙の上に配置していく作業として把握する。一方、保育学や美術教育学では、言葉や語りが幼児の描画活動に影響を及ぼすことは指摘されているものの（藤原 2009）、描画活動中に保育者が用いるコミュニケーション技法にまで踏みこんだ実証的研究は非常に少なく、専門職教育で利用可能な専門的知識・技術として体系化されていない（若山 2008）。

　また、OECD の国際比較調査において、他の参加国の平均値に比べた場合の日本の保育者の特徴として、子どもの「話し言葉の技能」に対する価値づけは低く（国立教育政策研究所 2020: 76）、「適切な問いかけをして、子どもがより長く説明できるように手助けする」などの言語発達を促すための働きかけはあまり重視していないという結果が示された（同書: 56）[1]。しかしながら、本書の調査において、保育者たちは、子どもたちのナラティヴ産出を促すために、「〜したのは誰？」（主語の設定による出来事叙述の方向づけのストラテジー）と主語を明確にしたり、「〜のうち、どれが一番なの？」（出来事の序列化による要点の絞りこみのストラテジー）と語りを筋だてたりするなど、子どもの語りを促すためのナラティヴ・ストラテジーの数々を、会話のなかで巧みに使いこなして働きかけていた。

　つまり、保育者自身にとっては、「あたりまえ」であるがゆえに、その存在を強く認識してはいないものの、言語的な発達を促すナラティヴ実践は着実に実施されていることが確認された。

1　OECD の国際比較調査では、日本の保育者が「話をしたり、聞いたりするときは、子供の目線に合わせる」ことや「子どもの理解してもらっていることを感じられるように子どもの話を繰り返したり、自分の言葉に言い換えたりする」ことを重視していることも明らかにされた（国立教育政策研究所 2020: 56）。この結果は、生活画活動そのものがマンツーマンの対話によって成り立っていることや、本書の調査で見いだされたナラティヴ・ストラテジー（複唱と関連質問による出来事叙述の方向づけ）とも一致する。

5 まとめ

　本研究では、生活画活動を題材として、視覚的側面だけでなく言語的側面にも着目することにより、保育者が子どもと協働的にストーリーをつくりあげていくために活用している〈聴く〉ためのナラティヴ・ストラテジーの可視化をはかった。

　質的分析の結果、「言葉をナラティヴ化するストラテジー」として、①主語の設定による出来事叙述の方向づけ、②時制の調整による出来事叙述の方向づけ、③復唱と関連質問による出来事叙述の方向づけ、が見いだされた。また、「ナラティヴをストーリー化するストラテジー」として、①出来事の序列化による要点の絞りこみ、②線描技法の解釈による場面評価の方向づけ、が見いだされた。さらに量的分析を加えることで、上記の知見が、一時的あるいは偶発的な事象から導きだされたものではないことを確認した。第三者的に聞いた場合、ストーリーとしては理解しがたい子どもの発話は、保育者が「ナラティヴをストーリー化するストラテジー」を用いることで、羅列された言葉から承認可能な出来事へと変換し、これらがつなぎあわされてナラティヴへの移行が成し遂げられ、さらに「ナラティヴをストーリー化するストラテジー」によってストーリーへの移行が達成されることが明らかとなった。

　ナラティヴ・アプローチの先行研究では、分析観点が語り手側に偏っていたのに対し、本研究では聴き手側にも注目した。一方、エスノメソドロジーのナラティヴ・スキルに関する研究では、聴き手の存在は重視されていたものの、あいづちのような微細なふるまいに分析関心が集中するため、コミュニケーションの成りたちについてかなり明らかにされた半面、語り手の言葉がいかに編集されるかという組織化機能までは、十分に検討されていない。〈聴く〉ためのナラティヴ・ストラテジーという分析視点を新たに設定することで、ナラティヴやストーリーが協働的に構成される相互作用プロセスの一端が明らかとなり、「傾聴」などの専門的技術が作用するメカニズムに光をあてることができた。

　最後に、本研究の限界について述べる。「言葉をナラティヴ化するストラテジー」には、言葉を出来事に変換する局面と、複数の出来事をつなぎあわせる局面とが含まれていたものの、調査対象である生活画活動では子ども自身のナラティヴを誘発することをねらいとするため、これらの局面がほぼ同時に生起することが多く、データのなかで分析を深めることは難しかった。今後の課題としたい。

第 5 章

ナラティヴ・エスノグラフィー
創作劇研究

1 劇のナラティヴ特性

(1)「わたしたちの世界」をかたちづくる創作劇

　年長児クラスゆり組の子どもたちが全員参加でつくりあげた創作劇「たからものはだれのもの?」のストーリーを紹介する。なお、結末部分に二つのバージョンがあるのは、劇中の「対決」のなりゆき次第でストーリーが変化するようになっているためである。

　　あるところに、強くて怖くて悪い海賊がおりました。今日も、海賊たちは宝探しに出かけようとしていました。ところが、宝の地図の解読に苦労していると、強い風に吹き飛ばされてしまいました。頭のいい探検隊が宝の地図を拾い、すぐに解読し、宝を目指して動物島に向かうことにしました。その様子を盗み聞きした海賊たちも、その後を追いかけました。

　　動物島では、動物たちが「いろいろな果物がなる不思議な木」の周りで、楽しく遊んでいました。探検隊は動物たちと仲良くなり、宝のありかを聞きましたが、何も知りませんでした。でも、動物たちは「不思議な木の実」でおいしいミックスジュースを作り、ごちそうしてくれたので、探検隊は気をとりなおし、海のほうに探しに行くことになりました。

　　一方、海賊船にのっていた海賊たちは、海の底にキラキラ光るものを見つけ、潜っていきました。海の底では、おしゃれ好きなクラゲやさかなたちが宝を守っていました。海賊たちが宝に近づくやいなや、あっという間にクラゲがサメに変身し、襲いかかってきました。

　　そこで、海賊たちは、探検隊に「宝を半分やるから、一緒に手を組もう」ともち

かけました。探検隊は「海賊が魚の頭を糸につるして、サメをおびきよせ、その間に自分たちが宝を手にいれる」という作戦を考えだしました。さっそく、作戦開始。でも、サメは交代で食べに来るので、海賊たちは宝に手を出すことができません。海賊と探検隊は、まず楽しいゲームをしてみせて、サメを誘いだし、「しりとり対決して勝ったら、宝を少し分けてちょうだい」とお願いしてみました。すると、サメは「対決も楽しそうだから、やってもいいよ」とこたえたのです。

　さっそく、海賊・探検隊チーム vs. サメ・さかなチームによる、しりとり対決が始まりました。

〈海賊・探検隊チームが勝ったバージョン〉

　負けてしまったサメが仕方なく宝を分けようとしたところ、海賊は宝箱ごと奪って逃げてしまいました。海賊船に戻った海賊たちは、さっそく宝箱を開けようとしましたが、鍵がかかっていて開きません。サメが鍵をつけておいたのです。がっかりした海賊たちは、宝箱を海に投げ捨て、別の地図の宝を探しに行くことにしました。投げ捨てられた宝箱を拾った探検隊は、サメからヒントをもらうことで、見事、宝箱の鍵を開け、キラキラ光る虹色のウロコを1枚ずつ分けてもらうことができました。さかなたちは、大好きな歌や踊りをしながら、海の中でいつまでも幸せに暮らしましたとさ。

〈サメ・魚チームが勝ったバージョン〉

　負けてしまった海賊は、別の地図にある宝を探しにいくことになりました。探検隊も気をとりなおして、再び探検に出発です。宝を守ったさかなたちは、大好きな歌や踊りをしながら、海の中でいつまでも幸せに暮らしましたとさ。

　この劇が創作された調査対象園では、劇が子どもたちの育ちにおよぼす影響に教育的意義を見いだし、20年以上前から、発達過程をふまえた劇遊びにとりくんできた。その成果は、毎年12月中旬に、生活発表会という舞台を設けて、子どもたちの家族に向け、披露されている。このような取り組みは、この園独自のものではなく、日本中の園でも広く見られ、その援助プロセスには保育者特有の専門性が埋めこまれていると想定される。本章では、子どもたちが創作劇を上演するにあたり、保育者の援助のもとで、クラス全員が納得して「わたしたちの物語」をつくりあげ、共有されるまでのプロセスを検討する。

　議論を始めるにあたり、まず、保育実践における劇とは何か、劇遊びに関する先行文献をもとに（山﨑2014, 田川・兵庫保育問題研究会2010, 兵庫保育問題研究会・田

川 2004）、発達過程に沿って確認しておこう。子どもは、ほんの幼い頃から、「身ぶり」を活用して、ふり遊びをさかんにおこなう。この「ごっこ遊び」こそが、あらゆる劇の「芽」となる。次第に、子どもたちの遊びが複雑になってくると、ごっこ遊びは「劇遊び」へと移行し、即興的にパフォーマンスしあって楽しむようになる。自分の表現を認めてもらいたいという気持ちが芽ばえ、子どもなりに他者のまなざしを意識しながら表現するようになる。保育者が小道具や大道具を用意したり、ナレーションやBGMを入れたりするなど、ちょっとした援助を加えることで、ぐっと劇らしく見えるようになるのが、ちょうどこの時期である。就学前の頃には、「劇づくり（劇活動）」として、子どもたちが互いに協力しあって一つの劇をつくりあげ、観客の前で上演することも可能となる。大勢で一つの劇をつくりあげていくために、台本を用意し、稽古をしたり、演技が舞台で映えるための大道具・小道具を用意したりするなど、長期にわたり大がかりな準備が必要となる。ただし、幼い頃から劇遊びに親しんでいる場合、保育者がポイントを押さえて援助すれば、子どもたちの手で劇づくりをどんどん進めていくことができる（たとえば、利根川 2016, 小林 2008, Paley 1981=1994）。

　以上をまとめると、保育実践における劇とは、「子どもが自分たちの世界を身ぶりやセリフなど『演じること』を通じて具現化することを楽しむこと。これを他者に『観てもらうこと』を楽しむこと」となる（二宮 2018b）。

　ここでいう「世界」とは、そのリアリティを、科学的に証明可能な論理あるいは統計的に検証可能なエビデンスではなく、出来事のつながりとして捉える物語的な認識枠組みのもとで理解される世界をさす。したがって、子どもたちが自らの手で、その世界を表現することに挑むのであれば、まずは、その世界を表象するストーリー（ナラティヴ）をつくりあげることが必要となる。本章で分析対象となるのは、このストーリーの創作はどのようにして行われるのか、という点である。

　創作劇活動では、既存の脚本を使わず、クラス集団として「○○組のおはなし」をつくり、これを劇として表現していく。つまり、個人レベルの表現ではなく、クラス活動という集団レベルの共同行為の産物である。ただし、年長児に相当する5〜6歳の子どもの場合、出来事を語ること自体は可能だが、単独で、他者が聴いても納得できる説得力のあるストーリーを展開することは難しいことが、発達心理学者たちによって、すでに明らかにされている（南 2006, Minami 2002, Peterson & McCabe 1983）。創作劇活動の場合、さらに、集団レベルでの相互作用も加わるため、子どもたちの口から出た言葉を、物語としてまとめ上げ、劇として上演するまでの道のりは非常に険しいことが予想される。ただ、子どもの主体性を尊重しながらも、一人ひとりの個性を尊重した表現活動を成立させるために、保育者が微細かつ周到に

働きかけていることが第4章で示されていることからも、保育者の援助プロセスも視野に入れたフィールドワークをおこなうことにより、その成り立ちを解きあかすことができるだろう。

そこで、本研究では、創作劇活動への援助プロセスを捉えるために、クラスルーム内部で展開される相互作用プロセス全体を、調査の射程に入れて追跡していく。実践現場における相互作用としては、会話のようなマンツーマンの直接的なやりとりもあれば、保育者が構成した「ナラティヴ環境」を通じた間接的なやりとりもある。後者の「環境」を通した間接的援助については、『保育所保育指針』『幼稚園教育要領』等でも、「環境を通して行う」ものとして規定されているように、園ではごく日常的な風景である（厚生労働省 2017, 文部科学省 2017）。

保育者によってクラスルーム内に設けられたナラティヴ環境の具体例としては、ままごと遊びコーナーや絵本コーナーなどがあげられる。子どもたちがコーナーで遊んだり、自主的に活動したりするうちに、やがて子どもたちの口からナラティヴが紡ぎだされるようになっていくことが予想される。幼児期から小学校低学年の時期にかけては、大人に比べて語彙数が少なく、言語運用にも習熟していないものの、子どもたちは、絵本をはじめとするさまざまなメディアを通じて、さまざまなストーリーを受容し、再構成する活動がさかんである（たとえば、小林 2008, 浜谷 2019）。特に、保育現場では、戦前から、このような活動を積極的に取りいれてきた（南 2014）。ただ、保育者たちが、どのような援助技法を用いているのか、その実態はほとんど解明されていない。

創作劇活動は、カリキュラムのなかでは、クラス活動の集大成として位置づけられることが多いため、本章ではこれに着目し、保育者たちがどのようなナラティヴ環境を構成し、援助技法を駆使して援助するのか、そのプロセスを解明することを研究目的とする。

（2）フィールドの特徴

対象となったのは、首都圏にある認可保育園の年長児クラスである。本園には姉妹園を含めて九つの年長児クラスがあるが、生活発表会に向けた劇活動／劇遊びは、どの学年／クラスのカリキュラムにおいても主要な位置を占めており、その前提となる劇的遊びも年間を通じ、さまざまな形態で取り組まれている。調査対象クラスの子どもたちは、それまでの生活発表会として、1〜3歳児クラスでは劇遊びを室内で保護者の目前で発表し、4歳児クラスでは既存の物語をもとにした劇活動を舞台の上で発表してきた。

本研究のフィールドワークは20XX年度から翌年度末までの2年間おこない、そ

のうち、創作劇活動が集中的に実施された10月下旬〜12月中旬を分析対象とした。20XX年度クラスは、担任2名と子ども22名（男児11名、女児11名）で、温和な性格の子どもが多く、何事にも真面目に取り組むものの、独創的なアイデアはでにくい雰囲気があった。20XX+1年度（次年度）クラスは、担任2名と子ども25名（男児13名、女児12名）で、活気があり、はつらつとした雰囲気のクラスではあるが、言葉を用いたやりとりが苦手でトラブルの際はすぐに手が出てしまう子が目だつという特徴をもっていた。

2　ナラティヴ・エスノグラフィーの方法

(1) ナラティヴ・エスノグラフィー

　ナラティヴ・エスノグラフィーとは、社会学者のジェイバー・グブリアムとジェームス・ホルスタインにより提唱された分析方法であり、ストーリーが生成／維持／変容するための諸資源が埋めこまれた場である「ナラティヴ環境」と、これに対する人びととの相互作用に着目することで、調査対象となったフィールドにおける社会的世界が言語的に生成／維持／変容されるプロセスを探究する民族誌的研究と定義される（Gubrium & Holstein 2008, 2009）。

　グブリアムとホルスタインは、ナラティヴ・エスノグラフィーの構想に先だち、その10年前の著書『アクティヴ・インタビュー』（Holstein & Gubrium 1995=2004）において、社会的現実はいかにして捉えられるのかと問うている。インタビュー調査においては、研究対象である社会的現実を反映したものと想定される「データ」とは、語り手だけでなく、インタビュアー（調査者）である聴き手も巻きこみながら、ナラティヴとして共同的に生成されていることが明らかにされた。その後、かれらは、ナラティヴのデータ特性について追究した結果、人びとの相互作用によって構成される社会的世界にアプローチするうえで、幅広い展開可能性をもつことを見いだし、その研究方法としてエスノグラフィーを推奨したのである。

　このナラティヴ・エスノグラフィーの具体的な分析手法はさまざまであるが、グブリアムとホルスタインが提唱した分析手法は「比較法」としてまとめられる。彼らが挙げた具体例としては、飲酒にまつわる問題の当事者による自助グループの社会的世界を探究するために、代表的団体として、AA（Alcoholics Anonymous）とSSG（Secular Sobriety Groups）の両方で実施された比較研究がある（Gubrium & Holstein 2009: 176–183）。AAの「12のステップ」など、それぞれの団体が共有しているストーリーや、フィールドワークによって収集されたメンバーたちの語りを比較すること

により、メンバーの語りを支える社会的資源の様相が明らかにされている。ただし、この手法は、複数のフィールドにおける調査が必要となるため、限られた時間や予算のなかで遂行するには難易度が高いといわざるをえない。

　本研究の場合、比較法ではなく、プロセスの始まりから終わりまでを追うことで、ナラティヴの萌芽となるパフォーマンスの段階から、物語劇として上演されるまでをとらえる「発生追跡法[1]」(二宮 2015)を採用した。この手法のメリットは、ナラティヴの生成を活性化させたり、より組織化されたレベルに移行させたりするための援助の技法、すなわちナラティヴ・ストラテジーが観察しやすい点である。ただし、一つの事例だけを対象にした場合、導き出された知見の信頼性に疑問符がつく恐れがある。このため、2年度にわたってデータを収集し、量的分析を加えることで、信頼性への担保とした。

（2）分析手続き

　「発生追跡法」によるナラティヴ・エスノグラフィーのおおまかな流れはこうだ (二宮 2015)。活動がスタートする時点、すなわちナラティヴがまだ何も生成されていない時点から、集団レベルのストーリーが形づくられるまでの期間、フィールドワークを実施し、さまざまなデータを収集してフィールド・ノーツを作成する。このフィールド・ノーツをもとに、質的分析によって創作劇活動の援助プロセスを記述するための概念を生成したのち、さらに、量的分析を追加することにより、これらの概念が偶発的あるいは一時的な事象に基づくものではないことを確認する手続きをとる。これらの結果、抽出された概念は、抽象度に応じて分類したり、行動様式の違いによって段階別に区分したりするなど、整理したうえで、これらの概念を組みいれた理論的記述をおこなう。本書では、理論的記述のほかに、エピソードで敷延した理論的記述、の二つのバージョンで示した。

　質的分析における概念抽出の手続きについて補足しておこう。グラウンデッド・セオリー・アプローチやKJ法など質的分析手法の多くは、ローデータを語句のレベルで分解して扱うため、出来事が最小単位となるナラティヴ・アプローチには適さない。本書では、より包括的な「分析的帰納」(Becker 1998=2012, Flick 2007=2017)により、ナラティヴがいかにして生成されるのかという視点から、概念を抽出した。分析的帰納とは、社会学のシンボリック相互作用論に依拠するエスノグラフィーで活用されてきた発想法であり(Znaniecki 1934=1971, Flick 2007=2017)、「厳格な分析

1　社会運動論の領域におけるナラティヴ・エスノグラフィーの多くは、「発生追跡法」と名乗ってはいないものの、ミクロレベルからマクロレベルに至るナラティヴの推移を追う点で共通している(たとえば、青山 2011, Davis 2002)。

的帰納」から「それほど厳格ではない分析的帰納」までのバリエーションがある（Becker 1998＝2012, Punch 1998＝2005）。本研究は、実証的研究としては萌芽的段階にあるため、後者の「それほど厳格ではない分析的帰納」を採用し、収集されたエピソードから、その社会的現実が構成されるうえで必須となる出来事を抽出し、さまざまな事例との比較を重ねながら、ボトムアップ方式で概念を練りあげる（Becker 1998＝2012: 253–259）。

　以上の方法論をふまえ、本研究の具体的な分析手続きについて述べる。まず、2年度分のさまざまなデータが記載されたフィールド・ノーツから、「保育者たちがどのようなナラティヴ環境を構成し、これを活用しながら援助したのか」という分析観点から、活動期間中の出来事群を、「エピソード」として切りわけた。次に、これらのエピソード群を比較して、それぞれのエピソードを特徴づけている保育者たちの援助行為を探り、一次概念（分析結果では破線で示す）として分類した。さらに、これらの一次概念群を相互に比較し、ナラティヴ理論の観点から物語劇創作を円滑に推進するうえで貢献したものを集約した結果、二次概念として、保育者たちが構成したナラティヴ環境（同、〈　〉で示す）および、ナラティヴ環境のもつさまざまな可能性を引きだすための援助技法（同、下線で示す）が抽出された。

　量的分析では、1日1回以上、該当するナラティヴ環境が活用されたことが確認された日数をカウントして比率を算出して比較した。このように、質的分析を主軸にしつつ量的分析で確認する混合研究法を用いることにより、見いだされた概念の信頼性について確認した。

3　ゆり組の劇「たからものはだれのもの？」

（1）質的分析の結果

　以下、質的分析によって明らかにされた一次概念と二次概念を、典型的なエピソードに埋めこんで示す。

凡例
　　一次概念　エピソードを特徴づけている保育者たちの援助行動：破線
　　二次概念　保育者たちが構成したナラティヴ環境：〈　〉
　　　　　　　ナラティヴ環境のもつ可能性を引きだすための援助技法：下線

---

①ナラティヴ化段階──日常的な遊びから出来事の生成を目指して
（10月下旬〜11月中旬）

　運動会が終わって一息ついた10月下旬、創作劇活動が始まった。保育者が、黒板の前に立ち、全員に向けて「どんなおはなしにしたい？」と呼びかけたところ、「海賊」「探検隊」など、演じてみたい役の名前が次々とあがった。しかし、話しあいだけでは、物語のあらすじとして使えそうなアイデアまでは出てこなかった。

　「じゃあ、みんなで動いてみようか」と、日常的に慣れ親しんできたごっこ遊びに保育者が加わるかたちで、演じてみたい役のイメージづくりがはじまった。保育者がピアノで効果音を入れながら、「あるところで動物たちが楽しく暮らしておりました」などとナレーションを入れると、すぐに子どもたちはその役になりきって、しぐさや鳴き声で応じた。実際に体を動かしながらお互いの動きを見て「Aちゃんの海賊、怖そう」などと評価しあうなかで、その役らしい動作や言い回しのパターンがあらわれてきた。こうして「ずるくて卑怯者の海賊たち」「頭のいい探検隊」といったキャラクター像が明確になっていった。〈ごっこ遊び環境〉を構成して、役の候補としてあがっていた「動物」「海賊」「おさかな」「探検隊」などになりきるよう促すことで、その役らしい動作の誘発したのである。

　ただ、おさかな役の場合、軽やかなフレーズが流れているときはスイスイ泳ぎまわり、映画『ジョーズ』のフレーズになると逃げ惑うといった固定化した動作パターンから進展が見られなかった。ごっこ遊びをするだけでは、イメージを膨らませることができなかったのである。そこで、保育者は『スイミー』『にじいろのさかな（シリーズ）』など役のイメージづくりに役立ちそうな絵本・図鑑を多数用意し、絵本コーナーのラグの上に子どもたちを集めてそれらを読み聞かせたりもした。こうした働きかけに触発され、子どもたちも自主的に本棚から魚の図鑑や絵本を取りだしてながめるようになった。このようにして〈絵本環境〉を活用し、絵や写真からの視覚情報も手がかりにしながら、キャラクター像の模索が続けられたのである。その結果、「普段はオシャレ好きでかわいいが、宝物を守るためには怖い人食いザメに化ける」という二面性をもつおさかな役のキャラクター像が、ようやくできあがった。

　同じ役同士で、ある程度、キャラクター像が共有されると、保育者は子どもたちの口から出てきた役をイメージする言葉をつなぎあわせて歌詞を作り、メロディーをつけた。それぞれの役のイメージソングやBGMが流れる〈音楽環境〉が構成されたのである。海賊役の場合、イメージソングのイントロが流されると、「♪俺たち海賊　海の泥棒　強くて怖くて悪い奴。人のものが欲しい。宝物が大好きさ。乱暴者・卑怯者。誰も誰もかなわない。必ず宝物は俺たちのもの」と歌い、肩をいか

らせながら歩くだけで、海賊になりきる姿がみられた。

　さらに、海賊のメンバーの一人として自分が演じるキャラクターをアピールするために、ピカピカ光る大きな刀を作って腰からさげる子や、海賊のロゴを考案して旗をつくる子も現れた。室内に造形コーナーとして常設された〈造形環境〉を自主的に利用して、舞台上で自分の身につける小道具を一人で作り、自分らしさを役のうえに投影しようとする姿もみられた。

　このように、普段から室内に設定されていた各コーナーの活用により〈ごっこ遊び環境〉〈絵本環境〉〈音楽環境〉〈造形環境〉が構成され、物語劇の構成要素となりうる資源の活性化がなされた。ただし、これらの成果として、浮かびあがってきたアイデアを話しあいの場で発表したり、ふりつけや小道具などで表現できたりする子もいる一方で、自分の意見を発信することに困難を覚える子どももいた。そこで、保育者は同じ役の数名程度集めてグループレベルで話しあうよう促したところ、クラス全体に向けては意見表明できない子どもでも、同じ役の親しい友達には自分の思いを述べることができた。それにも困難を覚える子どもに対しては、ちょっとした空き時間に、保育者と個人レベルの対話をおこなうことにより子どものイメージや心情を聴きとって「Bちゃんは『…』って思ったんだって」と代弁し、グループあるいはクラス全体に伝えていく配慮もなされた。

　しかし、やがて、発言への意欲の薄さというよりも、むしろ、言語化そのものに困難を抱える子どもがいることが明らかとなった。そこで保育者は、普段から描画や工作が行われる造形コーナーとして慣れ親しんでいる〈造形環境〉を活用した。同じ役のグループそれぞれに対し、登場人物のイメージをクレヨンや色鉛筆によるイメージ画として表現するよう誘ったのである。何かアイデアが思いうかぶと、自分で必要な道具類を準備してイメージ画をえがいて、同じ役のグループでお互いの絵を見あい、気づいたことなどを言いあうことで、キャラクター像をねりあげていった。このように、アイデアを視覚化するために必要な材料や道具は、いつでも気軽に手をのばせるよう、コーナーのなかにととのえられていた。

　同じ役のグループで、共有されたイメージをもとに、海賊船や衣装など、大道具・小道具の製作がすすめられた。保育者たちも道具類が舞台上でも使いやすく見栄えするようてつだった。おさかな役の子どもたちの場合、イメージ画をもとに、白い大きなビニール袋に色とりどりのマジックで模様を描いたりして、舞台衣装や小道具を仕立てていくなかで、「かわいいおさかな」と漠然としていたキャラクター像が、「カラフルなドレスやキラキラ光るアクセサリーが大好きで、スカートのフリルを揺らしながらフワフワと踊るのが得意なクラゲ」と具体的に説明できるようになった。そこで、保育者は「おさかなが海の底で守っている『宝』ってどん

なもの？」と質問をなげかけた。子どもたちは、さっそく折り紙などさまざまな素材をもちいて試作しはじめ、やがて「キラキラ光るウロコのアクセサリーがたくさん入った宝箱」と言語化された。メタリックカラーの折り紙を用いてウロコに見立てたハートの形を折ったり、それを入れる箱を装飾したりして、「宝」のイメージを劇の小道具として具体化させていったのである。

　以上のように、保育者が〈ごっこ遊び環境〉〈絵本環境〉〈音楽環境〉〈造形環境〉を構成し、代弁や質問による言語化をすることより、子どもたちが抱いていたアイデアやイメージが具現化され、それぞれの役のキャラクター像が明確になった。すると、それまでアイデアをだせなかった子どもたちも、口々に自分の役がひきたつような物語中の出来事を提案しはじめた。クラスのあちこちから「○○ちゃんのアイデア」が出され、「海賊が遭遇した事件」などの出来事が次々にあらわれた。

　しかし、子どもたちが提示した数々の出来事をただ集めても、クラス全員に共有されるストーリーには至らなかった。別の役の子どもには承認されなかったり、物語劇全体の流れとして整合性に欠けたりすることが多かったからである。このため、「アイデアとして出された出来事のうち、どれを採択するか」「選別された出来事を、どのようにつなぎあわせ配列するか」という作業が必要となってきた。次の段階として、子どもたちが提示した出来事の寄せ集めであるナラティヴを、筋だてられたストーリーへと組織化するために、これを支える相互作用の場である〈討議環境〉が必要とされるようになったのである。

②ストーリー化段階──物語のあらすじの確定を目指して（11月中旬〜11月下旬）

　保育者が司会となり、〈クラスレベルの討議環境〉が設けられた。全員がラグの上に輪になって座り、身ぶりも交えて話しあうこともあれば、机の上や黒板の周りに集まり、模造紙などにいろいろ書きこみながら行われることもあった。話しあいの場では意見表明ができない子に対しては、〈グループレベルの討議環境〉に変更されたり、場合によってはマンツーマンでの聴きとりが行われたりした。このように、一人ひとりのコミュニケーション能力にあわせた意見収集をおこない、子どもたちからアイデアが出てくるたびに、紙や黒板の上で、そのアイデアを視覚化した。ある程度の量のアイデアが集まると、保育者はそれらを時系列順に並べ、その間を線で結ぶことによって、物語を構成する出来事の間のつながりを明確にし、筋だてていく作業を行った。

　このような一連の援助の結果、クラス全体で議論の流れを共有することができた。ただ、その半面、それぞれの意見の違いも際立つようになった。そこで、保育者は、クラス全員が納得するまで話しあうために、多数決やジャンケンなどで決めるのを

禁じるというルール設定を行った。つまり、アイデアを出した子どもに対し、「どうしてそう（いうつながりのおはなしに）なるの？」と問いかけることで、物語を構成する出来事間のつながりについて、異議を唱える子がいなくなるまで説明するよう促したのである。「出来事 α は、〜の結果、出来事 β となった」と、物語の展開の仕方に説得力があり、よりおもしろくなるとほかの子どもたちからも承認されることで初めて、そのアイデアは採択され、物語のなかにくみこまれた。

　たとえば、海賊役の子が、「おさかなたちに対し、海賊側が勝ったら彼女らの大事な宝箱をもらう、という報酬つきのゲームに誘う」という出来事をアイデアとして出した。しかし、おさかな役の子どもたちにしてみれば、「ゲームに負けた場合、もともと自分たちの所有物である宝箱が、海賊に奪われてしまう」というリスクがあるため、承知しない。そこで、海賊たちは「しりとり対決」という、彼女たちにとっては得意なゲームを追加提案することで、ようやく承認を得ることができた。つまり、「しりとりゲームの好きなおさかなたちは、海賊からのゲームの誘いに乗せられたため、うっかり大事な宝箱を賭けることを承諾してしまった」という筋が設定され、クラス全員が納得したのである。

　このようにして、物語中を構成するさまざまな出来事の選別や配列の促進がなされた後、保育者が大きな紙に出来事を一枚に一つずつ表し、黒板に時系列順に並べて張り出してから、その部分までのあらすじを語り聞かせた。どんなに激しく意見が対立した後でも、あたかも絵本の読み聞かせのように、できあがったばかりの「ゆり組のおはなし」が語られると、どの子も引きこまれるかのように熱心に聴き入った。子どもたちが個々に抱いていたナラティヴは、集団レベルのストーリーへと移行し、ゆり組全員で共有された（第6章冒頭のストーリー参照）。

③劇化段階 —— 見応えある劇表現を目指して（11月末〜12月中旬）

　「ゆり組のおはなし」ができあがると、子どもたちはパフォーマンスではなく、劇として演じてみたがり、さっそく〈上演環境〉が用意された。劇が演じられる舞台は、保育室内の黒板前のスペースであることもあれば、緞帳やライトが整備された園のホールの壇上であることもあった。子どもたちが舞台に立つとすぐに、体はなめらかに動きだし、場面にふさわしいセリフも口からあふれるように出てきた。

　このように、子どもたちのなかで物語の筋や構造がよく理解されていることが確認されてから、ようやく、保育者は脚本の執筆にとりかかり、舞台上でのセリフや動きがある程度まで確定された。並行して、大道具や小道具の出し入れなど舞台裏の仕事もわりふった。出演する場面が比較的少なかった動物役の子どもたちは、裏方仕事の要となった。自分の出番のほかに、舞台裏での仕事を出番の合間にこなし、

さらに、裏方仕事のないときには舞台端でのエキストラ役まで担うことになった。おさかな役がイメージソングにあわせて舞台中央でダンスしている端で、バックダンサーを務め、その場面を盛り上げるのに貢献した。

　このようにして物語劇全体が構造化され、舞台上で劇がスムーズに進行するようになると、保育者たちは、ほかのクラスを観客として招待し、拍手やコメントなどの評価をもらうことを契機に、子ども自身によるふりかえりを促した。その結果、子どもたちは、語り聞かせのときとは異なるかたちで、自分たちがつくりあげた物語劇を見つめ直すようになった。たとえば、上演時間が30分を超えると、観客は飽きてしまい、集中して観てくれなくなることに自ら気づいた。セリフを間違えなく発し、劇が滞りなく進行するだけで満足していた段階から、観客という他者を意識するようになったのである。そして、「ゆり組のげき」を観客がどのように受けとめるのか想像し、自分たちが演技を楽しんでいるように、観客たちも観ることを楽しんでほしいと願うようになったのである。このため、自分の演技だけでなく、エキストラや裏方の動きまで子ども同士でチェックしあう姿も見られるようになった。

　12月中旬に園内のホールで開催される発表会には、毎年、大勢の保護者が観客としてつめかける。リハーサルをくりかえすなかで「発表会本番は、お父さんお母さんに『ゆり組のげき』を楽しんで観てほしい」という気持ちが膨らみ、熱気はますます高まっていった。

（2）創作劇の援助プロセス

　創作劇活動には「おはなしづくり」と、これに基づく「げきづくり」の2種類の活動が含まれている。前者の活動のなかでつくりあげられていく「おはなし」の言語形式上の特徴を、ナラティヴ理論の観点から検討したところ、質的な違いが存在したため、段階を分けた。したがって、①物語を構成するさまざまな出来事を産出する「ナラティヴ化段階」、②ナラティヴに筋を加えて物語として組織化する「ストーリー化段階」、③物語を劇形式で表現する「劇化段階」の三つに整理された（表5-1）。両年度とも、これらの移行順序は同一であった。

　①ナラティヴ化段階では、保育者たちは、普段から室内に設定されたコーナーの活用により、日常的に親しまれている、〈ごっこ遊び環境〉〈絵本環境〉〈音楽環境〉〈造形環境〉を構成して、埋めこまれていた資源を活性化し、役らしい動作の誘発を図った。子どもたちはこれらナラティヴ環境との相互作用の結果、浮かびあがってきた出来事に関するアイデアは、保育者たちの代弁や質問による言語化によって、物語劇の原型となるナラティヴとしてかたちづくられた。②ストーリー化段階では、保育者たちによって話しあいのルール設定がおこなわれた〈グループレベルの討議

表5-1　創作劇活動における援助のまとめ

	①ナラティヴ化段階				②ストーリー化段階		③劇化段階
ナラティヴ環境	ごっこ遊び環境	絵本環境	音楽環境	造形環境	グループレベルの討議環境	クラスレベルの討議環境	上演環境
援助技法	コーナーの活用、資源の活性化、役らしい動作の誘発、代弁や質問による言語化				ルール設定、語り聞かせ、出来事の選別や配列の促進		ふりかえりの促し
一次概念の例	効果音を入れる	キャラクター像づくりに役立つ絵本の用意	役のイメージソングづくり	コーナーとして常設	同じ役同士で話しあうよう促す	保育者が司会となる	ほかクラスの子どもを招待する

表5-2　クラス活動としてナラティヴ環境が利用された日数と比率

	①ナラティヴ化段階				②ストーリー化段階		③劇化段階
ナラティヴ環境	ごっこ遊び環境	絵本環境	音楽環境	造形環境	グループレベルの討議環境	クラスレベルの討議環境	上演環境
20XX 年度分	4 (13.7%)	4 (13.7%)	5 (17.2%)	11 (37.9%)	10 (34.4%)	11 (37.9%)	14 (48.2%)
20XX+1年度分	5 (18.5%)	4 (14.8%)	7 (25.9%)	9 (33.3%)	10 (37.0%)	11 (40.7%)	15 (55.5%)

環境〉〈クラスレベルの討議環境〉において、子どもたちが提示した出来事の選別や配列の促進や、できあがった部分の語り聞かせをしたりするなかで、ストーリーが徐々にかたちづくられた。③劇化段階では、〈上演環境〉として舞台が設けられ、劇表現がくりかえし行われた。観客からの評価を手がかりに、ふりかえりの促しがなされ、子どもたち自身で物語劇を見つめ直すことで、劇表現は洗練されていった。

　物語劇の創作活動が行われた日数は、20XX年度が29日で、その次の20XX+1年度が27日であった。量的分析では、1日1回以上、クラス活動としてナラティヴ環境が活用された日数をカウントし、その比率を算出した（表5-2）。これらを比較した結果、2年間の実施日数比率に顕著な差は見いだせないといえよう。

　質的分析により抽出された各ナラティヴ環境の利用頻度に対し、量的分析をおこなったところ、年度間において顕著な差は見いだせなかったことから、これらのナラティヴ環境の利用は、一時的あるいは偶発的な事象ではないといえる。

4 「わたしたちの物語」を育むナラティヴ環境

　「たからものはだれのもの？」という集団レベルのストーリーを、子どもたち一人ひとりの主体性や個別性を尊重しながら創作し、クラス全体で「わたしたちの物語」として共有することは、なぜ、可能となったのであろうか？　本節では、保育者が構成したナラティヴ環境の意義について、他のクラスとの比較も加えて考察する。

　調査対象となった20XX年度クラスの特徴として、劇として上演するのにふさわしいストーリーのアイデアを発案する子どもが少ない反面、他の子どもたちが異を唱える場面もあまり見られない、おだやかな雰囲気のクラスであった。このため、保育者の援助の仕方によっては、「ゆり組のおはなし」ではなく、アイデア豊富な特定の子どもによる「○○ちゃんのおはなし」となる可能性もあった。しかし、自らアイデアを表明することの少なかったおさかな役や探検隊役のグループに対し、〈造形環境〉を活用するよううながした。その結果、子どもたちは小道具や衣装をつくりあげていく作業のなかでキャラクター像を膨らませていくことができた。一方、次年度クラスの場合、演じること自体が好きで身体表現の豊かな子どもが多い反面、言葉でやりとりすることが苦手で、子ども同士での話しあいが進展しにくいクラスであった。保育者たちは〈絵本環境〉を活用し、絵本棚に物語劇に関連する絵本をずらりと並べて何冊も読み聞かせたり、〈ごっこ遊び環境〉をその内容をサンタごっこで再現しながら、「みんなはクリスマスにどんなプレゼントがもらえたら（物語として）おもしろくなると思う？」「（応答に対し）それはどうしてかな？」と問いかけたりして、子どもたちの口から言葉を引き出すために積極的に働きかけていた。

　それぞれ対照的な雰囲気をもつクラスであったため、各年度におけるナラティヴ環境の活用の仕方は大きく異なっていたが、ナラティヴ化段階において、漠然としたイメージや思いを言語へと置き換えていく援助が重視される点は共通していた。ごっこ／絵本／音楽／造形遊びを「足場かけ（Scaffolding）」として設定し、遊びのなかで浮かび上がってきたイメージの言語化を促すことで物語創作や劇表現へと導いていくナラティヴ環境が設定され、それぞれの特長を生かした相互作用が展開されることで、クラス全員が意欲的に参加することができたのである。

　保育者から子どもへの援助には、保育のねらいに基づく保育者自身の意図がこめられており、子どもとの直接的な「働きかけ」だけではなく、子どもが自発的に活

動したくなるような環境の構成や、「待つ」「見守る」といった間接的な「働きかけ」も含まれている（保育所等における保育の質の確保・向上に関する検討会総論的事項研究チーム 2020: 36）。保育者によるナラティヴ環境を通した援助と、いわゆる「指導」との違いは何であろうか。

　おそらく、劇の上演が保育の目標（ねらい）に掲げられた場合、ナラティヴ環境におけるさまざまな活動が重視される機会は少なく、あらかじめ用意された脚本をもとに、セリフや動作を適切に演じるための指導が行われるであろう。しかしながら、本調査においては、セリフなどの間違いを直すといった指導場面は観察されなかった。また、子どもたちが物語づくりに行きづまり、保育者に相談にきたときも「先生が教えてあげたら、『ゆり組さんのおはなし』じゃなくて『先生のお話』になっちゃうよ、それでもいいの？」と返し、ストーリーのなりゆきを子どもたちにゆだね、静かに見守る保育者の姿があった。その一方で、絵本コーナーの例のように、お話づくりのアイデアを埋めこんだ環境を、子どもたちがいない時間帯にこまめに整備していた。直接的な介入は慎重に避けられ、ナラティヴ環境を活用した間接的な援助プロセスが見いだされたのである。

　また、個別性の問題については、「個」と「集団」は対立的に位置づけられることが多く、集団として捉えた場合、個々の差異は縮減されていくものとして語られることが多い。本書でとりあげた創作劇活動にあてはめて考えれば、物語を作成する段階からクラス全員が参加することが重視されるため、子ども一人ひとりが抱いていたアイデアやイメージは、クラス集団の物語ができあがっていく過程で、消えさっていくのではないかという懸念ものこる。実際、子どもなりには一生懸命に提示したアイデアが、グループやクラスでの討議の結果、「ゆり組のおはなし」には組みこまれず却下されてしまうこともあった。しかし、そのような場合でも、討議で決定された後は、「ゆり組のげき」のなかで自分の役割を果たしつつ、自分の演技を少しでもひきたたせるために、ふりつけや自分が使う小道具に工夫を加えていくことで、「○○役」としての自分を精一杯表現する姿が、両年度とも観察された。また、自由遊びの時間や発表会終了後、クラスの劇とは異なるバージョンのストーリーを考えだし、クラス活動とは別に、自主的に絵本やペープサートを製作し、見せあって楽しむ姿もみられた。このように、創作劇活動では、全体で共有されたあらすじをふまえつつ、その細部では、多様な表現方法を通じて、一人ひとりの持ち味を生かしたパフォーマンスが展開された。「ゆり組」という所属集団に埋没することなく、一人ひとりの思いが細部に埋めこまれて共存する「わたしたちの物語」としてまとめられたのである。

　明治期以来、日本の保育者たちは、「幼児の自発」と「保育者の教育的意図」の

関係のあり方について探究をしてきた（保育所等における保育の質の確保・向上に関する検討会総論的事項研究チーム 2020: 28)。本研究では、保育者によるナラティヴ環境の構成とその展開に焦点をあて、「幼児の自発」と「保育者の教育的意図」の対立をのりこえていく保育実践のプロセスを実証的に示した。

5　まとめ

　以上、保育園における創作劇活動をとりあげ、ナラティヴ・エスノグラフィーにより、どのようにして保育者たちがナラティヴ環境を構成し、これらを活用しながら援助することで、主体性と個別性を尊重した演劇教育実践が実現されるのか探究してきた。

　日本の幼稚園や保育園において、劇遊びは戦前より積極的にとりいれられ、現在まで続いている（南 2014)。劇の脚本や道具類のつくり方、演出方法などの技法書は数多く出版されているものの、どのような援助を行っているのか、保育者－子ども間の相互作用に焦点をあわせた学術研究は少ない状態がつづいてきた。本研究の学術的貢献および実践的貢献は、以下のとおりである。

　質的分析では、言葉自体が十分には存在しておらず、その運用にも習熟していない幼い子どもたちが集団レベルで物語を創作し、劇形式で表現するまでのクラス活動が分析された。その結果、保育者たちが物語劇の制作を援助するために、これに必要な日常的経験を精選し、資源として埋めこんだナラティヴ環境を構成し、子どもたちとナラティヴ環境との相互作用を促すためにさまざまな援助技法を駆使するプロセスが明らかにされた。これに、量的分析を加えることで、これらが一時的あるいは偶発的な事象ではないことが確認され、今後も、検討を重ねていくことで専門職特有の知識・技術として共同利用できる可能性が見いだされた。

終章
ナラティヴ・アプローチで
見えてきたもの

1 相互作用的専門性としてのナラティヴ実践

(1) 分析手法と調査結果のまとめ

　本書では、保育者によるナラティヴ実践を研究対象として、ナラティヴ・アプローチにより、その専門性を明らかにすることをめざしてきた。まず、可視化することの意義（序章）と本書で用いる分析手法の方法論的背景（第1章）について述べたのち、四つの調査より、保育者におけるナラティヴ・ストラテジーの活用やナラティヴ環境の構成のプロセスに着目して実証的に検討した（第2〜5章）。

　第2章では、対話的ナラティヴ分析を開発し、高い信頼を獲得したクラスでやりとりされた連絡帳の形式上の特徴を抽出した。これまでのナラティヴ分析では、インタビューによりライフストーリーを聴取する手続きをとることが多いため、語り手側に注目が集まることが多かったが、対話的ナラティヴ分析では、語り手と聴き手の共同作業によってナラティヴが構築されるプロセスに迫った。その結果、信頼に裏打ちされた対話的ナラティヴが協働的に生成されるためのメカニズムに光があてられ、質の高い保育実践の基盤となる保育者－保護者間の信頼関係が形成され、これを維持するために保育者が駆使している高度なコミュニケーション技法が探りだされた。

　第3章では、多声的ナラティヴ分析として、実践のなかで生じたある出来事を題材として、複数の声が組織化される様相を映しだした。これまでの研究において、一つのまとまりをもつようにみえるナラティヴであっても、その基底には異なる響きをもつ声が存在することは指摘されていたが（伊藤 2005）、その声を聴くための分析手法は開発されていなかった。そこで、本章では、同じ語り手が、同じ場面を対象にして、異なる「声」で語った2種類の文書（クラスだよりと保育日誌）の比較

をおこなった。その結果、保護者が、保育者側の語りを受けいれやすくするために、どのようなナラティヴ・ストラテジーをクラスだよりの文面に埋めこんでいるのか、保育日誌の記載内容と比較することにより、異なる「声」で重層的に構成された社会的現実を確認することができた。

　第4章では、生活画活動を対象として、パフォーマンス的ナラティヴ分析を行った。従来のナラティヴ分析は、主に言語的側面が扱われてきたが、線描という非言語的要素も同じ分析枠組みのなかで検討することができた。分析結果は、非言語的要素が豊富に含まれる幼児の語りを成り立たせるために、保育者が駆使している傾聴の技法は、6種類の「〈聴く〉ためのナラティヴ・ストラテジー」として整理された。

　第5章では、5歳児クラスの創作劇活動を対象に、ナラティヴ・エスノグラフィーを実施した。クラス全員の子どもが参加する集団活動として、一つのストーリーをつくりあげていくにあたり、子ども一人ひとりの主体性と個別性を尊重した演劇教育実践は、どのようにすれば実現できるのか探究した。その結果、保育者たちは、子どもたちのアイデアが遊びを通して膨らむようにコーナーを設置したり、ヒントになりそうな絵本を読み聞かせたりするなど、子どもたちのナラティヴが豊かに育まれるための環境を構成し、子どもたちとナラティヴ環境との相互作用を促していることが明らかになった。

　以上、四つの調査より、保育者におけるナラティヴ・ストラテジーの活用やナラティヴ環境の構成の方法が見いだされ、さらに、量的な分析を追加することにより、偶発的な事象ではないことも確認された。ナラティヴ・アプローチと混合研究法を併用することにより、これまでは、職人技（art）として位置づけられることの多かった保育者の専門性の一端が可視化された。

　しかしながら、まだ、光が当たらない領域も多く残されている。なぜなら、ナラティヴ・ストラテジーやナラティヴ環境の効果は、ある働きかけに対して相手が応答するという相互作用プロセスが成立することで初めて発揮されるからである。対人間の関係性のなかでしか姿を現さないコミュニケーション技法であり、客観的な知識や技術として抽出したり、テストや尺度で評定したりすることは容易ではない。このような日常的な相互作用のなかに埋没しているために、第三者的立場の観察者のみならず専門職自身にとっても認識しづらく、ナラティヴ・アプローチで介入することで可視化される専門的知識・技術を、本書では「相互作用的専門性としてのナラティヴの技法」と定式化する。

（2）相互作用的専門性とは何か

　相互作用的専門性とは、保育者の用いるナラティヴ・ストラテジーやナラティヴ環境などの上位概念である「相互作用的専門性」とは、日常生活において、相互作用プロセスのなかに深く埋め込まれた専門的な知識や技術をさす。本書の分析対象のほかにも、何気ない保育者と子どものやりとりや、送迎の際の保育者と保護者の立ち話など、さまざまなものが含まれている。これらは、一つひとつ丹念に観察しない限り、誰にも気づかれることもなく、時間の経過とともに過ぎ去っていく。こうした相互作用プロセスには、ナラティヴなどの言語を用いたやりとりだけでなく、非言語的な関わりも含まれるため、相互作用的専門性の領域は広範にわたる。また、従来の専門性が「知識」「技術」「能力」として独立して存在しているものと想定され、標準化された指標によって把握することが可能であったのに対し、相互作用的専門性は客観的に測定することが困難である。これらの特徴は、保育者の専門性について言及する際に、しばしば参照される「保育の質」が多元的かつ包括的にしか定義できない点と相通じるものがある。

　相互作用的専門性にせよ、保育の質にせよ、保育者の個人的要因だけに左右されるものではなく、子どもや保護者との応答的関係という基盤があってはじめて、その機能が十分に発揮される点が共通する。保育者からの発話に対し、子どもや保育者からの応答が返されることで、初めて相互作用が成立し、質の高い支援を展開できるようになる。

　これまでは、専門職のふるまいについて、科学的な検討を試みる場合、専門的知識や技術が反映されたものとして想定された「要素」に還元してとらえる傾向があり、断片的な理解にとどまりがちであった。相互作用的専門性の場合においても、保育者が発した発話内容を一つひとつ取りだしても、それら個別の要素に価値が宿るわけではない。発話のつながり、すなわち関係性に注目することで、初めて見えてくるものがある。ただし、やりとりのプロセスを的確に観察することは、決して容易ではない。

　実際、保育の専門性の自己認識に関するOECDの国際比較調査によれば、「保育者は子供の遊びに加わっているとき楽しそうにする」という項目に「あてはまる」と答えた日本の保育者は78.4％と他国よりも高かったのに対し、「保育者は、適切な問いかけをして子どもがより長く語れるように促す」については30.5％で、諸外国の平均値が約50％であるのに比べ、かなり低かった（国立教育政策研究所 2020: 56）。つまり、日本の保育現場では、みずからの専門性として、共感的な態度を重視している一方で、子どもとの相互作用を促すためのコミュニケーション技法を日々もち

いているにもかかわらず、これを十分に自己認識していないのである。

　そこで、本書では、ナラティヴ・アプローチの分析手法を新たに開発し、保育者がナラティヴ・ストレラジーやナラティヴ環境を駆使して、子どもや保護者との相互作用を展開していくプロセスを追跡することで、「相互作用的専門性としてのナラティヴの技法」の可視化をはかった。たとえば、本書第4章の生活画活動では、4歳児クラスの子どもがその日のクラスでの活動を描きながら、担任保育者とのやりとりのなかで、野菜畑での手入れの様子が淡々と語られていた。草むしりや水やりなどのルーティン作業の報告に一区切りがついたところで、保育者が「何が一番楽しいの、草取りの？」と問いかけたところ、これをきっかけに、それまで業務報告的であった語りが、感情の繊細な陰影を含んだ語りへと変貌していった。上記の保育者による言葉がけは、幼児の言葉をストーリーへと組織化するためのナラティヴ・ストラテジー「出来事の序列化による絞りこみ」にあたる。その前後にある文脈を読みこまないまま、この言葉だけを素朴に受け取った場合、ありきたりの日常会話にしか聞こえないであろう。しかし、この相互作用プロセスを分析した際に述べた通り、保育者からの戦略的な働きかけと幼児の応答とが関係づけられることで、初めて「〈聴く〉ためのナラティヴ・ストラテジー」が作動している様相があらわになる。

　また、ナラティヴ環境についても、相互作用を媒介として作用するメカニズムを有するという共通項において、ナラティヴ・ストラテジーと同様のことがいえる[1]。創作劇をめぐるナラティヴ環境の場合、保育室内においてイメージが湧きやすいように、関連する絵本をそろえたコーナーを配置したり、BGMを流したりするなど、ハード面の配慮のほか、子どもたち同士の話しあいの仲だちをするなど、ソフト面でもさまざまな工夫がこらされていた（表5–1参照）。

　ただし、コミュニケーション技法にせよ環境構成にせよ、保育者側からの働きかけが子どもたちのふるまいに何らかの影響を及ぼさない限り、これらの機能は発揮されないまま、相互作用そのものが終わってしまう不確実さは共通している。たとえば、生活画活動（第4章）では、上記の4歳児クラスの事例のように保育者とのやりとりを通じてストーリーへとかたちづくられていくケースもある一方で、子どものつぶやきが作品へと昇華されないままに活動が終了するケースもあった。物語劇の制作場面（第5章）では、シナリオに組みこまれる前の段階で泡のように消えていった小さな物語も数多くあったはずだ。しかし、保育者たちが、そのこと自体を

1　ナラティヴ・ストラテジーでは、対話における直接的援助が前提とされるのに対し、ナラティヴ環境では「保育者がナラティヴ環境を構成し、その環境下で子どもたちの相互作用が行われる」という間接的援助として位置づけられるという違いがある。

失敗として捉える姿は見受けられなかった。つまり、ナラティヴの産出そのものが成否を分けるとは認識されていないわけだ。保育者たちは、ナラティヴ・ストラテジーやナラティヴ環境を活用することで、子どもたちに対し、望ましいストーリーの制作に必要な知識や技術を伝授することを目指しているわけでもない、ともいえる。

　では、お手本となる「望ましいストーリー」を掲げるのか、と問われれば、本書のデータを見る限り、答えはNoである。保育者たちは、大人に比べて、言葉そのものが少なく、語り方にも習熟していない子どもたちに対し、何らかの物語の制作に向けて、対話や活動に参加するための「しかけ」として、ナラティヴ環境を構成したり、ナラティヴ・ストラテジーを駆使したりしているものの、物語の出来栄えそのものは、必ずしも支援の到達目標にはしていなかった。つまり、支援のねらいとは、性急にナラティヴの産出を促すことではなく、対話や活動、すなわち相互作用自体を充実させることである。仮に「望ましいストーリー」を模した語りが現れたとしても、それは、あくまでも副産物にすぎない。たとえば、生活画活動であれば、保育者が事前に作成する指導案の「ねらい（活動の到達目標）」の欄に「園児が、保育者とその日の出来事についてやりとりしながら、描画することを楽しむ」と記載されることが多いように、会話の内容や描画の出来栄えがアウトカムとなるわけではない。むしろ、ねらいにおいて、述語としてしばしば登場する「楽しむ」という語に象徴されるように、子どもが活動に参加すること自体に意義があり、共同的な活動のあり方が評価対象となる。相互作用の結果よりもプロセスそのものに照準が定められているのだ。

　以上より、相互作用的専門性とは、従来の専門性に比べ、基盤となる価値観や評価の基準が大きく異なることがわかる。たとえば、典型的な専門職である医師と比較した場合、救急医療における蘇生の場面などに見られるように、その専門性の行使にあたり、患者側が完全に受け身状態であったとしても、治癒という目標への到達は可能である。これに対し、相互作用的専門性の場合は、クライエント側にある子どもや保護者の関与のあり方に、成否が大きく左右される。園に在籍する子どもの場合、入園当初からコミュニティーのような自発的な意志による帰属意識をもつわけではなく、最初は、保護者の意向により入園した園で、経営上の判断により配置された保育者からの働きかけを受けいれざるをえない状況におかれている。このような条件下で、性急に「望ましいストーリー」の産出を促し、仮にそれが達成されたとしても、語り手自身にとっての意義は見いだしにくい。

(3) なぜ相互作用が重要なのか

　保育実践に限らず、対人援助が行われる現場においては、専門性の展開にあたり、専門職側が高度かつ専門的な知識や技術を保有していたとしても、これを受けとったクライエント側が、専門職側の想定どおりの反応を示すとは限らないという現実がある。相互作用には、送り手側の要因だけでなく、受け手側の要因もかけあわされるため、そのプロセスにも、結果にも、常に不確実性がつきまとうためである（Parsons 1951=1974）。従来の専門性の観点でいえば重大なリスクであるにもかかわらず、なぜ、クライエント側の高い関与を伴う相互作用が重視されるのであろうか。その理由は二つ考えられる。

　一つめの理由として、ナラティヴ・アプローチにおいては、「人びとにとって、自分（自己意識）とは、物語の形で把握される」（船津 2012, Crossley 2000=2009）ことを前提とし、「自らの手でつくりあげた自己物語を語る」ことを支援目標とすることがあげられる（野口 2009, 森岡 2015）。ここでポイントとなるのは、自己物語の内容そのものよりも、むしろ、「自らの手でつくりあげた」という認識を語り手自身がもてるかどうかという点である。たとえ、あらかじめ雛型となる物語があったとしても、それは押しつけられたものではなく、語り手が何らかのかたちで関与し、自らつくりあげたという実感をもてるか否かが肝要である。ただし、これが短時間のうちに達成されることは難しく、多くの場合、時間が必要である。したがって、相互作用的専門性では、早急に成果を求めず、クライエントのモチベーションの高まりや試行錯誤など、ゆとりが必要となる。したがって、「専門職による働きかけ（刺激）→成果（反応）」という単純な図式には収まらない。

　相互作用が重視される二つめの理由について、教育的な観点から述べれば、これからの社会を生き抜くうえで必要な「資質・能力」（国立教育政策研究所 2016）の基盤を育むことが、就学前の段階から求められているという社会的背景もある。子どもたちが身に着けることを期待されている資質・能力とは、「対象が変わっても機能することが望ましい心の働き」である。「いわゆる『内容知』と『方法知』で分けると考えると、資質・能力は、内容についての『学び方』や『考え方』に関するものであるため、『方法知』に近い」ものである（国立教育政策研究所 2016: 34。子どもたちが資質・能力を習得するために必要な援助の模範例として、保育園における保育者と園児との相互作用プロセスがたびたび取りあげられていることからも分かるように、方法知とは、対話や共同活動のなかで、その姿をあらわす。

　保護者に対する子育て支援の場合、保育者の支援目的は「保護者および地域が有する子育てを自ら実践する力の向上」（厚生労働省 2017）である。託児サービスの提

供ではない。つまり、子育てに必要な地域資源の整備に並行して、保護者がこれらの社会資源を活用していくのに必要な方法知を習得するための支援がおこなわれているのである。

これらの方法知の多くは、相互作用プロセスにおいて習得され、他者への働きかけなどの実践場面において発揮される。これを適切に支援するためには、支援者側にも相互作用的な支援方法が求められている。ICTが発達した現在、百科事典にたとえられるような知識量の多さを競う場面は減少しつつあり、クライエント側のみならず、専門職側においても、知識や技術を実践場面においてどのように使いこなすかという、応用的側面が問われるようになってきたからである（松繁2010）。

本書においても、保育者たちは、知識や技術を一方的に伝授するのではなく、日常生活において、ともに活動するなかで、子どもや保護者自身の気づきを促しながら、語りあいの相手として寄り添い続けるという支援プロセスが確認された。このような支援に必要な知識や技術が、園を超えて共有され、長い年月をかけて蓄積されたものが、保育者における「相互作用的専門性としてのナラティヴの技法」である。ナラティヴ・アプローチの分析手法を洗練し、これを駆使することによって、本書の四つの調査において、その一端を垣間見ることができた。

2 「いまだ語られていない物語」への支援

(1) いまだ語られていない物語

ナラティヴ・セラピーに代表されるナラティヴ実践では、これまで社会構成主義の視座に立つ実践家の手によって、多彩な援助技法が編みだされてきた。本書で見いだした「相互作用的専門性としてのナラティヴの技法」とは、ナラティヴ・アプローチではどのように位置づけられるのだろうか。保育現場における支援の対象は、就学前の子どもとその家族の二つであり、両者のナラティヴ・コンピテンス（第1章2節参照）には、大きな差異がある。そこで、本節では、保育実践と子育て支援実践とにわけて議論する。

従来、ナラティヴ・アプローチでは、言語や社会性などをすでに習得したと想定される人びとを対象としており、すでにできあがっていたストーリーの再構成、いわゆる「語り直し」のための援助技術として注目されてきた。このため、ナラティヴ・アプローチの文献に触れたことのある人の場合、本書において「ドミナント・ストーリー」「オルタナティヴ・ストーリー」「外在化」「無知の姿勢」などの専門用語がこれまで登場しなかったことを訝しく感じるはずだ。

保育実践の場合は、先行研究のフィールドとは異なり、ナラティヴの使用に習熟していない就学前の子どもたちの語りが対象となる。その語り口がすでに固着してしまったケースは想定しにくく、幼児のナラティヴの変容そのものに照準することは少ないであろう[2]。保育実践を対象として「語り直し」を基軸とするナラティヴ・アプローチを試みたとしても、その成果は望むべくもない。

　一見すると、このことは、保育実践へのナラティヴ・アプローチの意義を危うくするように感じられる。しかし、ナラティヴ・アプローチによる支援の目標は、語り手自身の手によって、固有の自己物語が紡ぎだされることである（野口 2002）。「自分」と呼ばれることの多い自己意識（self-identity）が物語の形式で認識され、その機能を発揮するため、アイデンティティにまつわるナラティヴのあり方によって、語り自身も多大な影響を被る（たとえば、森岡 2015, 千野 2017, 水津・伊藤・佐藤 2020）。保育者には、語り手が、年齢にかかわりなく、それぞれ「かけがえのない自分の物語」という感覚のもとで、主体的に語ることが可能となるよう、よき聴き手となり、クラスや園のメンバーとともに、それぞれの自己物語をつくりあげていくことを支援していくことが求められているのではないか。

　このことを念頭におけば、ナラティヴの観点に立つ支援方法が「語り直し」だけではないことに気づかされる。保育実践の場合、幼い子どもたちが対象となるために、①言語を習得している段階であること、②成人とは異なる言語運用となるため、同一のナラティヴ生成プロセスを想定できないことが特徴となる。しかし、これは成人を対象とするナラティヴ・アプローチに比べて、劣った状態にあることを指し示しているわけではない。むしろ、私たちがこれまで気づかなかった「いまだ語られていない物語」（野口 2009）が新たに展開される可能性を秘めている。

　「いまだ語られていない物語」では、新たなナラティヴを産み出すためのさまざまな工夫を凝らすことにより、「新しい物語」「別の物語」が生成され、それが社会的現実を構成していく。これまでのナラティヴ・アプローチで扱われてきた語りの分類では、以下の三つがあげられている。

　　①自分のなかで秘密にしてきた誰にも言ったことがない物語
　　②語りたいと思っているが、語る機会がない、あるいは、誰も聴いてくれない物語

2　ナラティヴ・セラピーの事例として著名な「スニーキー・プー」（White & Epston 1990=1992）の場合、6歳男児が対象となっているが、「遺糞症」として小児精神科や家族療法で対応されたケースであり、保育実践現場の支援対象としての範疇を超えている。また、自分の言葉では十分に表現できない乳幼児のライフストーリーワークでは、職員が手作りした「つなぐアルバム」や「Telling絵本」をナラティヴの代替としている（園部・秋月 2020）。

③自分のなかでは意識しておらず、まだ物語として成立していなかった状態から生
　成された物語

（野口 2009: 265）

　①の例としては、告白やカミングアウト等の場面が想定される。②は、病棟にお
ける医師−患者、職場における上司−部下などの非対象な関係性のもとで抑圧され
るナラティヴを指す。③については、従来、既存のストーリーとのパワーバランス
のなかで、自分自身のナラティヴが抑圧され、後者が存在していることすら認識さ
れていなかったり、硬直化していたりする状態が想定されていた。いわば、個人レ
ベルで所有されるナラティヴが、意識の奥底まで根を張っているドミナント・ス
トーリーに束縛されている状態である。

(2) 子どもの「いまだ語られていない物語」への支援

　幼い子どもたちが「いまだ語られていない物語」の語り手である場合はどうか。
①と②のケースはきわめて少なく、「③自分のなかでは意識しておらず、まだ物語
として成立していなかった状態から生成された物語」が注目される。
　ただし、③については、語り手がストーリーを成り立たせるのに十分な量の語彙
を習得していない場合は、従来の見解があてはまらないことに留意しなければなら
ない。言語そのものがあまり存在していない状況下においては、ドミナント・ス
トーリーの影響から免れる余地は大きく、「別の語り（オルタナティヴ・ストーリー）」
の出る幕もないのである。
　つまり、幼い子どもたちの発話を対象として、ナラティヴ・アプローチで検討す
る場合、すでにあるストーリーの「変容」を捉えていく従来型の研究手法には限界
がある。むしろ、ストーリーが産まれる前の、声や言葉の時点から、どのようにし
て「生成」されるのか、という点に着目する。あるいは、スムーズに「生成」され
るためには、どのような支援が有効かという視点に切りかえてもよい。その際、語
彙やセンテンスの長さなどの数値だけで把握するのではなく、子どもたちがどのよ
うにして対話や活動に参加しているのか、という質的な側面も含めるべきだろう。
つまり、子どもたちが、周囲からの働きかけを受けとめつつ、自らの経験を出来事
に変換したり、これをつなぎあわせたりしてナラティヴやストーリーへと組織化し
ていくプロセスを複眼的に追跡する必要がある。
　本書では、子どもの描く絵を手がかりとして対話を進めながら、日常生活のエピ
ソードを物語化していく援助プロセスや（第4章）、クラス集団でストーリーを作っ
て演じるまでの援助プロセス（第5章）が検討された。それぞれ異なる園の保育者
を対象としたにもかかわらず、保育者が「環境」を構成し、子どもたちはその「環

境」においてさまざまな相互作用を展開することによって、ナラティヴの生成を促していく手法は共通していた[3]。

　その理由として、『保育所保育指針』等でいう「環境」が、グブリアムとホルスタインが提唱した、ナラティヴを生成するためのさまざまな資源が埋めこまれた「ナラティヴ環境」（Gubrium & Holstein 2008）と重なる部分が多いことが指摘できる。たとえば、創作劇活動（第5章）の場合、物語のアイデアがなかなか出てこない状況を打開するために、保育者は、日常的に親しまれているごっこ遊びや造形遊びなどが自由に展開されるコーナーを設け、そこに精選された教材や遊具を配置した。ナラティヴが豊かに紡ぎだされることを促す「環境」を設定するという間接的援助を行ったのである。子どもたちは、このナラティヴ環境のもとで、普段から親しんでいる遊びを展開し、そのなかで子ども自身が経験した出来事が、創作劇の資源となり、「ゆり組のお話―たからものはだれのもの？」がつくりあげられた。

　このことは、保育実践の公的なガイドラインである『保育所保育指針』『幼稚園教育要領』『認定こども園教育・保育要領』のいずれにおいても、保育実践とは「環境を通して行う」ものと定義されていることに通じる。つまり、相互作用的専門性そのものは、ナラティヴ・アプローチ特有の援助技術ではなく、明示的に論じられたことはないものの、実践現場においては日常的に使用されている専門的知識・技術といえる。ただし、これらは、あたりまえの日常生活に埋没しており、学術的な議論の俎上に載せられることは少なかった。ナラティヴ・アプローチを導入することにより、光があてられ、ナラティヴの技法として、私たちの目の前に浮かびあがってきたのである。

（3）保護者の「いまだ語られていない物語」への支援

　保育者たちは、子どもへの保育と並行して、その保護者に対する子育て支援も実施している（第2章、第3章）。これらは、「いまだ語られていない物語」という観点からは、どのようにとらえられるであろうか。

　毎日、保育園に通うことができる保護者の場合、保育者がナラティヴ・セラピーやナラティヴ・ソーシャルワークで活用されるコミュニケーション技法を駆使して、子育ての語りの「語り直し」を目指すケースは、筆者が知るかぎり、見あたらなかった。重篤な問題を抱えている家庭は、連携先の他機関で主に対応するため、保育者にとっての直接的な支援対象ではなくなるからである。このため、保育者が「①自分のなかで秘密にしてきた誰にも言ったことがない物語」に直面する機会は

3　『保育所保育指針』等でいう「環境」は、おおまかに分けて「物的環境」と「人的環境」に分類され、後者は、子どもにとってコミュニケーションの相手となる保育者やクラスメートなどが相当する。

わずかであろう。

　「②語りたいと思っているが、語る機会がない、あるいは、誰も聴いてくれない物語」については、連絡帳（第2章）の保護者側の記述に、子育ての苦労を抱え込んでいる保護者の思いが随所に示されていた。少子高齢社会と呼ばれる現代社会においては、身近な地域で、子育ての悩みを相談できる人や子育てをめぐる語りをじっくりと聴いてくれる相手を見つけるのは至難の業である。連絡帳という紙面上ではあるが、毎日、子育てをめぐる語りのパートナーとして、保育者の存在は貴重である。実際、保護者の記載に対して、こまめにコメントを返されている連絡帳のほうが、信頼度評価が高い傾向があった。

　「③自分のなかでは意識しておらず、まだ物語として成立していなかった状態から生成された物語」について、本書の事例では、「生後7か月の女児が玩具で遊ぶ様子」（事例2-7）で観察された。

　この事例では同じテーマが語られているが、（1）と（3）の語り口を比較すると、同じ保護者の語りでも変化が生じていることがわかる。（1）の保護者側の語り口は、わが子の行動を羅列しただけであるのに対し、これに応答する（2）の保育者側は、さらに、子どもの内面に対する解釈が付与されたストーリーを提示した。これを受け、その翌々日の（3）の保護者側の語りは、（2）の語り口を踏襲するかたちで、子どものふるまいに細やかな解釈が加えられ、聴きごたえのあるストーリーへ変貌した。ナラティヴの構造的側面に着目して述べれば、保育者が〈評価〉の要素を加えた語りを提示し、保護者も連絡帳に記載するのにふさわしい出来事の選択やセンテンスの組み立て方を模倣したのである。おそらく、このような学びは、保育者も保護者も意識しないままに成し遂げられたのであろう。この学びは、模範的な語り方を習得したということにとどまらず、やがては、保護者自身の子どもへのまなざしや向きあい方を変革していく可能性をもつ。実際、上記の事例を精査すれば、毎日、連絡帳を取り交わすなかで、保育者による豊かな文脈の語りに触れたり、コメントをもらったりすることによって、保護者のわが子に対するまなざしに変化が生じ、新たな語りが芽ばえつつあることが読みとれる。

　保育現場での子育て支援の場合、保育者からの働きかけによって、ナラティヴ・セラピーの「ドミナント・ストーリー」と「オルタナティヴ・ストーリー」が対抗するような認識上の変革が、比較的、短時間のうちに、目に見えるかたちで起こることは考えにくい。ただ、毎日、丁寧なやりとりを何年にもわたって積みかさねていくことにより、保育者特有の価値観やものの見方は、その語り口を通して、保護者にも浸透していくのではないか。実際、幼稚園において「学びの物語アプローチ（learning story approach）」（Carr 2001=2013, 大宮2010）を園だよりなどの子育て支援に

応用した取り組みでは、保護者たちの「子どもをみる目」が変化したことが報告されている（福島大学附属幼稚園・大宮・白石・原野 2011）。「学びの物語」とは、保育者が、担任している子どもとの関わりをふりかえる際に用いるアセスメント手法であり、子どもを主体的な学び手として捉え、その観点に則って、保育室におけるふるまいをエピソード形式で描きだす。子どもを受け身の存在ではなく、能動的な学びの主体としてとらえる視座は、保育者にとってはなじみ深いが、その認識枠組みは語り口を通じて示され、保護者にも浸透していくと考えられる。

　このように、保育者が「相互作用的専門性としてのナラティヴの技法」を活用した場合、保護者のナラティヴの厚みが増す可能性は高いことは、本書の量的分析の結果によっても示されてきた。ただし、前節で議論したように、必ずしも、保育者にとって望ましいと思われる方向にストーリーが産出されるとは限らない、という点には留意しなければならない。ナラティヴが相互作用的性質を内包する以上、「二重の条件依存性[4]（double contingency）」（Parsons 1951=1974）から逃れることはできないためである。すなわち、保育者と保護者のやりとりにおいて、双方のふるまいは、相手の出方次第であり、完全に統制することは原理的に不可能である。保育者側の要因は、専門職としての役割意識や技術の熟達化により、ある程度まで抑制することは、比較的、容易かもしれない。しかし、もう一方の保護者側の要因まで的確に統制できるか否か、その見通しは定かでない。このため、「相互作用的専門性としてのナラティヴの技法」の効用に対し、懐疑の目が向けられることも考えられる。

　しかし、前節での議論を踏まえ、保護者の視点にたてば、次のようにもいえる。保育者が期待する「望ましい子育ての物語」が迅速かつ確実にもたらされることを求めているわけではない。子どもの状態が良好であるという大前提をふまえたうえで、保護者自身が望んだタイミングで、新たな語りが生まれたり、語り直しが行われたりすることが望ましいのではないか、と。保育者は、あえて正解を宙づりにしておき、必要に応じて、聴き手として語りをサポートすればよいのである。無論、保護者が語る物語が、子どもにどのような影響をもたらすのかという点には細心の注意をはらわねばならないものの、性急に成果を求めないことによって、その内容が「望ましい子育ての物語」ではなかったとしても、保護者が保育者とともに語りを模索する余裕がもたらされる。つまり、保護者側の条件依存性は、保護者にとっては自己決定の裁量を広げる機能を果たしているとも考えられる。したがって、不

4　二重の条件依存性（ダブル・コンティンジェンシー）とは、タルコット・パーソンズが社会システムと相互作用との関係について説明するために提示した概念である（Parsons 1951=1974）。たとえば、AとBの二者間の相互作用では、それぞれの目的達成（欲求充足）のために行為に先立つ選択（意思決定）がなされ、AとBそれぞれの選択が、相手の選択にも影響を及ぼす。このような自分と相手の行為が相互に依存しあい、影響を受けあっている状態を指す。

確実性が存在すること自体が、相互作用的専門性の意義をそこなうものではないといえる。

　以上、本節では、保育者の「相互作用的専門性としてのナラティヴの技法」について、幼児対象の場合と保護者対象の場合とにわけて、「いまだ語られていないストーリー」という概念を手がかりに考察した。本書の調査結果でも示されたように、子どもや保護者からの信頼を基盤とする協働的な人間関係を築きあげ、これを維持していくうえで、保育者による働きかけに負う部分は多い。ただし、子どもや保護者のナラティヴ能力を引き出したり、「望ましい物語」の雛型を伝授したりするなど、性急な成果を目指しているわけではない。生活をともにし、おだやかな日常を守り続ける営みの一環として、共同で物語を紡ぎ続けること自体が、支援の目的なのである。

　これまでの専門職によるナラティヴ実践では、語りなおしや新しい物語の産出が支援目標とされ、ともに語りあうこと自体は、その手段にすぎなかった。しかし、フィンランドの精神医療分野において「オープンダイアローグ」が目覚ましい成果をあげたように（Seikkula & Arnkil 2006=2016）、相互作用そのものに価値を見いだして共同性の構築をめざすことが、新たな専門性として浮上してきた（野口 2018）。家事育児の合間の井戸端会議や道端で群れて遊ぶ子どもたちの姿が消えてしまった現代社会において、ナラティヴの技法を活用することにより、人と人との間をつなぎ、相互作用そのものを支えることが、「相互作用的専門性としてのナラティヴの技法」の重要な機能であり、意義でもあることが、本書の調査結果からも読みとれるであろう。

3　本書の限界と今後の展望

　本書は、約10年にわたり実施してきた調査をもとに、保育者が日常的に活用しているナラティヴ・ストラテジーやナラティヴ環境について明らかにし、「相互作用的専門性としてのナラティヴの技法」と位置づけて議論してきた。ただし、調査結果については、十年一昔といわれる時代の変化に対し、十分に対応しきれてない部分もある。これらを踏まえたうえで、本書の限界と今後の課題を整理しておきたい。その論点としては、①調査に着手した時点と本書の発刊時点のインターバルがもたらす保育者の職務内容の変化、③本書を覆うドミナント・ストーリーとの位置関係、②相互作用的専門性の形成プロセス、の三つが含まれる。保育実践およびナラティヴ・アプローチの近年の動向とも重ねあわせながら議論することで、今後の

展開へとつなげたい。

　時間の経過に伴う職務内容の変容については、特に、ICT化とグローバル化の二点が目を引く。一点目のICT化では、近年、待機児童対策や新型コロナウイルス感染症（COVID-19）対策の一環として、厚生労働省や自治体が保育者の業務効率化に向け、補助金交付などにより積極的にバックアップしているという制度的背景もあって、子育て支援や事務の領域を中心に、ICTの導入がすすめられている（二宮2022）。本書第2章で研究対象となった連絡帳は、近年、連絡帳アプリを用いてネット上でやりとりする園がふえた（たとえば、山内・杉下・水野2017）。同様に、本書第3章のおたよりも、ブログや一斉送信メールを通じて、保護者のもとに届けられることが多くなった（たとえば、堀川・岡本・菅原2009）。将来的には、画像や動画を駆使した「デジタル・ストーリーテリング[5]」（西岡2014, 小川2016）へと移行していく可能性もある。現在のところ、保育実践現場におけるICT活用には、多くの課題が残っているものの（二宮・富山2020）、普段の保育室の様子を画像や動画を、各家庭との間で、双方向で配信する動きも出てきている（二宮・富山2019）。「メディアはメッセージである」（McLuhan 1964=1987）といわれるように、手書き文字から、キーボード入力あるいはフリック入力によるテキストデータへと移行したり、さらに、画像や動画が加わったりすることによって、単なる伝え方の変化をこえて、メッセージ内容も変容していくことも予想される。

　もう一つのグローバル化による変容としては、日本語を母語としない家庭の子どもが入園する機会が増えている。就学前の子どもの場合、言語獲得の時期にあたるため、比較的早期のうちに、園生活に不自由のない程度にまで日本語を操ることができるようになる。このため、保育者にとっては重篤な問題とはならないことが多いようだ。その一方で、保護者の場合、日本語を中心とするコミュニケーションに慣れるには困難を伴うことが多い。本書で分析対象とした園の場合、両親のうちのいずれかは日本語に習熟している家庭ばかりであったため、連絡帳やおたよりの作成にあたり、特別な配慮はなされていなかった。しかし、保護者からのニーズが高いことは、くりかえし指摘されている（富谷・内海・仁科2011, 内海・澤・角南2017）。現在のところ、あくまでも個別的な配慮として、日本語を母語としない書き方が模索されているが（たとえば、吉田2018）、やがて、本書の知見とは異なる形式をもつナラティヴへと変容していく可能性もある。

　次に、ドミナント・ストーリーをめぐる問題について述べる。ドミナント・ス

5　デジタル・ストーリーテリングとは、1990年代にアメリカで始まったワークショップ型の草の根メディア活動である。多くのワークショップでは、日常生活をテーマとして短い物語を作成し、2～3分程度のデジタル作品に編集して見せあうという流れとなることが多い。

トーリーとは、ある状況を支配している物語であり、認識枠組みの大前提となるものである（野口 2009: 13）。保育をめぐるドミナント・ストーリーの場合、幼児教育学者ピーター・モスが描きだしたように、大きな物語が一枚岩のごとくそびえ立つというよりは、むしろ、市場の物語や人的資本の物語など、さまざまなストーリーが拮抗しあう情勢が続いている（Moss 2019, モス 2020）。このような状況下において、最前線で日々格闘している保育者たちが共有しているドミナント・ストーリーを可視化して、その布置を示すことは、今後の理論的課題である。

　三番目の論点として、「相互作用的専門性としてのナラティヴの技法」の形成プロセスについてのべる。待機児童問題より派生した「保育の質問題」に伴い、2017年に、保育者の専門性向上を目指すキャリアアップ研修が制度化され、入職後のキャリア構築や専門性知識・技術の更新について、さかんに議論されるようになったが、本書では、いかにして相互作用的専門性を習得するのかという点まで論じることはできなかった。また、著者の知る限りでは、いかにして、質の高い保育実践に必要なナラティヴ・ストラテジーを獲得したり、ナラティヴな環境構成の方法を身に着けたりするのか、そのプロセスに関する実証的研究は見あたらない。しかしながら、実践現場においては、さまざまな取りくみがなされている。代表的なものとして、成人教育における「ナラティヴ学習（narrative learning）」（Rossiter & Clark 2010=2012, 荻野 2011）のほか、小学校や中学校の教師による「ナラティヴ探究（narrative inquiry）」（Clandinin et al. 2016, 二宮 2010, Clandinin et al. 2006 = 2011, Clandinin & Connelly 2000）、いじめなどの対人間トラブルの調停としての「ナラティヴ・メディエーション（narrative mediation）」（和田・中西 2011, Winslade & Williams 2012=2016）、看護師による「ナラティヴ看護実践」（紙野・野村 2016）があげられる。保育現場の場合、もともと、クラス日誌や児童票などの帳票をエピソード形式で記載することが多いことから、物語様式には親和性が高いものと思われる[6]。したがって、成人教育分野におけるナラティヴ学習の成果なども参照しつつ、ナラティヴな観点を取りいれた養成教育や現職研修のプログラムの開発が期待される。

　人びとの「生の営み（life）」とナラティヴの間には、循環的な関係がある（Frank 2010）。充実した「生」が豊かなナラティヴを生成し、そのナラティヴがさらに「生」を充実させることもあれば、負の循環もある。意識の奥底で作用するために、その存在が意識されることは少ないものの、ナラティヴは、日常生活でも実践現場でも、人びとの「生」への強い影響力をもっている（Plummer 2019, 宮坂 2020）。どの国や地域においても、神話や伝承された物語があるように、人びとは、太古の昔か

6　ソーシャルワーカーをはじめとする対人援助専門職の養成教育では、小山による教育実践が注目される（小山 2014）。

ら、ナラティヴの形式に慣れ親しみ、実践してきた。その内容は、多様であり、長い年月にわたって語り継がれるものもあれば、目まぐるしく移り変わりゆくものもある。

　本書でその一端を示したように、対人援助サービスの分野においては、ナラティヴの力を活用した支援が、さまざまなかたちで展開されてきた。保育実践現場でくりひろげられるナラティヴも同様に、時代の流れとともに様変わりした部分もあれば、変わらない部分もある。川のせせらぎのように、さまざまな声が響きあい、ナラティヴとなって湧きあがり、ストーリー同士がぶつかりあって渦巻く流れのなか、保育者が、子どもやその家族とともに、どのような物語世界をつくりあげていくのか、ナラティヴ・アプローチの力を借りながら見つめつづけていきたい。

おわりに

　本書は、東京学芸大学に提出した学位論文『ナラティヴ・アプローチの方法論に関する実証的研究──保育実践を対象として』と、学位取得後に実施した調査研究をもとにしている。発刊にあたり、序章と終章は新たに書き下ろした。第1章の社会学的なナラティヴ・アプローチの研究方法論は、学位論文の序章と、日本保育学会の依頼により執筆した論考を統合した。第2〜5章の本書に収録した四つの調査は、異なる学会での既刊論文であるが、保育実践に興味のある読者と研究方法論を学んでいる読者の両方に読んでいただけるよう、大幅な加筆と修正を行った。どの章からでも読み進められるが、すべて目を通していただければ、保育実践とナラティヴ・アプローチをかけあわせたことによる旨味を味わっていただけるのではないかと思う。

　社会にでてから約十年にわたる実践経験の後、野口裕二著『物語とケア──ナラティヴ・アプローチの世界へ』(2002 医学書院)、『ナラティヴの臨床社会学』(2005 勁草書房) に出会って衝撃をうけ、研究者を志してから十数年がたつ。長きにわたり、ご指導いただいている東京学芸大学名誉教授野口裕二先生にお礼を申し上げる。門下に加えていただいて以来、多くのことを教わってきた。かつての自分は、理論や方法とは、雲の上か海の向こうにあるものと認識していた。論文指導をうけるなかで、実践現場と対話しつつ、その経験を論文化するためツールをみずから制作できるようになったことは換えがたい財産であり、今も先生の著書や言葉の一つひとつから、多くの示唆をいただいている。

　実践現場との二足の草鞋をはいて過ごした放送大学大学院の修士課程では、宮本みち子先生 (放送大学名誉教授) と、三井さよ先生 (法政大学教授) より、実践現場におけるさまざまな課題について、社会学を用いて迫っていくおもしろさを教えていただいた。

　中坪史典先生 (広島大学教授) は、保育学の研究方法としての意義を見出してくださり、本書の4つの方法をさらに活用することを勧めていただいている。まだ、十分に期待に応えられていないが、今後の課題として取り組んでいきたい。仲野由佳理さん (日本大学)、鎌田麻衣子さん (東京学芸大学) からは、東京学芸大学大学院

でともに学んできた仲間として、励ましと忌憚のない意見をいただいた。田島美帆さん（広島大学大学院）には、キーワード解説や索引の作成にご協力いただいた。

　本書の調査および仮説生成のための予備調査では、数えきれないほどの人びとのご理解とご協力を賜った。調査協力園の先生方、保護者の方々、子ども達に対し、一人ずつお名前をあげることはできないが、厚くお礼申し上げる。長時間にわたって過ごす保育室のなかに、調査として入りこむことで、多大なご負担をおかけしているにもかかわらず、温かく迎え入れてくださり、データ確認などのやりとりの際にも励ましの言葉をかけていただいた。これからも少しずつご恩返しをしていきたい。

　本書の出版にあたっては、新曜社の塩浦暲社長と大谷裕子さんにお世話になった。学部生のころから、新曜社の書籍によって、多様な理論と研究方法を学んできたことが著者の基底にあり、その図書目録の末尾に本書を加えていただいたことを誇りに思う。

　末筆となったが、筆者のとりとめないおしゃべりにつきあってくれる夫と二人の息子、両親に感謝する。ナラティヴは、せわしない日常のなかで流れ去ってしまいがちであるが、ストーリーとして記憶にとどめておくのに、家族の存在は大きいとつくづく思うこのごろである。

2022年こどもの日

　　　　　　　　　　　　　　　　　　　　　　　　　　　　二宮祐子

キーワード解説

いまだ語られていない物語

さまざまな工夫をこらすことによって、新たに生みだすことができるストーリー。社会学者野口裕二によって提唱された。

意味づけ機能
meaning–making function

ナラティヴの機能の一つで、出来事のつながりから、文脈を生成させる働き。明示的なものと暗示的なものがある。

大きな物語
grand narratives

社会全体を覆い、人びとの価値観や理念を支配するイデオロギーの体系をさす。哲学者ジャン＝フランソワ・リオタールが『ポストモダンの条件』（1979=1986）において提唱した。

オルタナティヴ・ストーリー
alternative story

ドミナント・ストーリーに対抗して、新たに産出されたストーリー。

交話的機能
phatic function

ナラティヴの機能の一つで、人びとがお互いの心を通わせ、一体感を高める働き。例：世間話。言語学者ロマン・ヤコブソンが言語の機能の一つとして提唱した。

混合研究法
mixed methods research

対立的に位置づけられることの多い量的調査と質的調査を、研究目的に即して、両者を組みあわせながら用いる研究方法。

自己物語
self narrative

語り手が自己を探求する語り。「自分」そのものを問うこともあれば、「親として

の自分」など担っている役割に焦点をあてる場合もある。

実証研究
empirical research

問い（リサーチ・クエスチョン）に対し、直接的な観察や経験をもとに検討することを通じて、新たな知識を得る方法。

社会構成主義
social constructionism

現実（reality）とは、言語により、社会的に構成されるとする認識のあり方。本質主義と対比させながら語られることが多い。

ジャンル分析
genre analysis

類型論と同じ。

筋立て（プロット）
plot

出来事の配列。

ストーリー
story

ナラティヴの形式をもつセンテンスに、何らかの意味が付与された叙述。

組織化機能
organizing function

ナラティヴの機能の一つで、ばらばらなものを体系化してまとめ上げる働き。この機能の作用により、複数の出来事のつながりから、筋が生じ、何らかの文脈が発生する。

対話的ナラティヴ分析
dialogic narrative analysis

ナラティヴの対話的側面を可視化するための分析手法。具体的な手続きについて

は、本書第2章を参照。

多声的ナラティヴ分析
polyphonic narrative analysis

さまざまな声によって構成されるというナラティヴの特性を可視化する分析手法。具体的な手続きについては、本書第3章を参照。

出来事
event

知覚などの主観的な体験が観察しうるかたちで表された事象。「〜をした」とか「〜が起こった」という形式で、状態が変化するプロセスを叙述することで示される。

ドミナント・ストーリー
dominant story

ある社会的現実をとりまく状況全体を支配しているストーリーであり、認識枠組の大前提となるもの。

内部構造分析
structure analysis

→ラボフ・ワレツキー・モデル。

ナラティヴ
narrative

「語り」(行為的側面)と「物語」(産物的側面)の両方を含む言語行為の一種。形式上の特徴として、出来事(event)を示す文を二つ以上つなぎあわせた構造をもつ。

ナラティヴ・アプローチ
narrative approach

人びとの実践を対象として、「語り」という行為とその産物である「物語」が表裏一体となった視点から眺め直す方法。専門職等による実践として用いられることもあれば、研究方法として活用されることもある。

ナラティヴ・エスノグラフィー
narrative ethnography

ストーリーが生成／維持／変容するための諸資源が埋めこまれた場である「ナラティヴ環境」と、これに対する人びととの相互作用に着目することで、フィールドにおける社会的現実が言語的に構成されるプロセスを探究する民族誌的な研究手法。社会学者グブリアムとホルスタインによって提唱され、本書第5章で用いられた。

ナラティヴ・ストラテジー
narrative strategy

相互作用プロセスにおいて、首尾よく語りを成立させるために、語り手が用いるコミュニケーション技法。

ナラティヴ・インタビュー
narrative interview

あまり構造化されていない面接場面を設定し、語り手が自らの経験について、可能な限り自由に語る一方、聴き手はノンバーバルなサインにも気を配りながら丁寧に聴取する研究手法。

ナラティヴ環境
narrative environment

ナラティヴやストーリーが生成／維持／変容するための諸資源が埋めこまれた場。

ナラティヴ・コンピテンス
narrative competence

ナラティヴの産出や運用にかかわる能力。心理学者ジェローム・ブルーナーによって提唱された。

ナラティヴ実践
narrative practice

現場において、物語り行為を通じて、専門的知識・技術を展開すること。

ナラティヴ・スキル
narrative skill

日常的な生活場面における語りのなかで、誰もが何気なく用いているコミュニケーション技能。例:あいづち

ナラティヴ・セラピー
narrative therapy
　20世紀末から21世紀初頭にかけて、マイケル・ホワイト、ハーレーン・アンダーソン、トム・アンデルセンなどの臨床家によって切り拓かれた家族療法のさまざまな技法の総称。

ナラティヴの技法
　ナラティヴの言語的な特性や機能を活かしたコミュニケーション技術。

ナラティヴ様式
narrative mode
　物語として組み立てられ人間の行為の意味やその変転を扱う認識の表現形式（スタイル）。心理学者ジェローム・ブルーナーによって提唱された。

パーソナル・ナラティヴ
personal narrative
　個人がある出来事について語ったエピソード。例：病いの語り

パフォーマンス的ナラティヴ分析
performance narrative analysis
　ナラティヴのパフォーマンス的要素を可視化するための分析手法。具体的な手続きについては、本書第4章を参照。

モデル・ストーリー
model story
　ある事象について認識したり、語ったりする際に、模範的なものとして参照されることの多い物語。社会学者桜井厚によって提唱された。

病いの語り
illness narrative
　医学的な認識枠組によって捉えられる「疾患」（disease）としてではなく、患者自身が自らの言葉で語るナラティヴによって構成される「病い」をめぐる語り。社会学者アーサー・フランクによれば「回復の語り」「混沌の語り」「探求の語り」の三つの類型として整理される。

ライフストーリー
life story
　ある個人によって叙述された、これまでの人生や生活にかかわる物語。

ラボフ・ワレツキー・モデル
Labov's Model of Narrative Analysis
　6種類の構成要素をもとに、ナラティヴの内部構造を分析するためのモデル。社会言語学者ウィリアム・ラボフによって開発された。

類型論
typology
　語られたナラティヴの内部構造から、何らかの類型（type）を見出していく分析手法。例：喜劇と悲劇の分類

論理科学様式
paradigmatic mode
　論理やデータによって組み立てられ、一般的な事柄を扱う科学的な認識の表現形式。心理学者ジェローム・ブルーナーによって提唱された。

枠づけ機能
flaming function
　ナラティヴの機能の一つで、認識のあり方を特定の方向に誘導する働き。

引用文献

Abbot, A., 1983, "Sequence of Social Events," *Historical Methods*, 16: 129–147.

Abbot, A., 2001, *Time Matters: On Theory and Method*, Chicago: University of Chicago Press.

Abbot, A., and J. Forrest, 1986, "Optimal Matching Methods for Historical Sequences," *Journal of Interdisciplinary History*, 16: 471–494.

Abbot, A., and A. Hrycak, 1990, "Measuring Resemblance in Sequence Data: An Optimal Matching Analysis of Musicians Careers," *American Journal of Sociology*, 96(1): 144–185.

Abell, P., 1993, Some Aspects of Narrative Method, *Journal of Mathematical Sociology*, 18: 93–134.

天野正子，1975，「専門職化をめぐる保母の意識構造」『社会福祉研究』16: 22–27.

青山陽子，2011，「マスター・ナラティブとしての『被害』の語り――ハンセン病訴訟におけるストーリーの形成過程を通して」『現代社会学理論研究』5: 171–184.

青山陽子，2014，『病いの共同体――ハンセン病療養所における患者文化の生成と変容』新曜社.

荒井浩道，2014，『ナラティヴ・ソーシャルワーク――〈支援〉しない支援の方法』新泉社.

アリストテレース，松本仁助訳，1997，『詩学』岩波文庫.

浅野智彦，2001，『自己への物語論的接近――家族療法から社会学へ』勁草書房.

Becker, H. S., 1998, *Tricks of the Trade: How to Think about Your Research While You're Doing It*, University of Chicago Press. （進藤雄三・宝月誠訳，2012，『社会学の技法』恒星社厚生閣. ）

Berger, P. L., and T. Luckmann, 1966, *The Social Construction of Reality: A Treatise in the Sociology of Knowledge*, New York: Doubleday and Company. （山口節郎訳，2003，『現実の社会的構成――知識社会学論考』新曜社. ）

美術教育をすすめる会編，1990，『幼児の美術教育』あゆみ出版.

Botsman, R., 2017, *Who Can You Trust?: How Technology Brought Us together and Why It Could Drive Us apart*, London: Penguin Books Ltd. （関美和訳，2018，『トラスト――世界最先端の企業はいかに〈信頼〉を攻略したか』日経BP社. ）

Bruner, E. M., 1997, "Ethnography as Narrative," L. P. Hinchman and S. K. Hinchman eds., *Memory, Identity, Community: The Idea of Narrative in The Human Sciences*, New York: State University of New York Press, 264–279.

Bruner, J., 1986, *Actual Minds, Possible Worlds*, Cambridge: Harvard University Press. （田中一彦訳，1998，『可能世界の心理』みすず書房. ）

Bruner, J., 1990, *Acts of Meaning: Four Lectures on Mind and Culture*, Harvard University Press. （岡本夏木・吉村啓子・仲渡一美訳，2016，『意味の復権〔新装版〕――フォークサイコロジーに向けて』ミネルヴァ書房. ）

Bruner, J., 2002, *Making Stories: Law, Literature, Life*, Harvard University Press. （岡本夏木・吉村啓子・添田久美子訳，2007，『ストーリーの心理学――法・文学・生をむすぶ』ミネルヴァ書房. ）

Bruner, J., and J. Lucariello, 2006, "Monologue as Narrative Recreation of the World," Nelson, K. eds., *Narratives from the Crib*, Cambridge: Harvard University Press.

Bryman, A., 1988, *Quantity and Quality in Social Research*, London: Routledge.

Bryman, A., 2012, *Social Research Methods, 4th ed.*, New York: Oxford University Press.

Carr, M., 2001, Assessment in Early Childhood Settings: Learning Stories, London: Sage. （大宮勇雄・鈴木佐喜子訳，2013，『保育の場で子どもの学びをアセスメントする――「学びの物語」アプローチの理論と実践』ひとなる書房.）

Cazden, C. B., 2001, *Classroom Discourse: The Language of Teaching and Learning*, 2nd ed., Porsmouth: Heinemann.

千野帽子，2017，『人はなぜ物語を求めるのか』筑摩書房.

Clandinin, D. J., and F. M. Connelly, 2000, *Narrative Inquiry: Experience and Story in Qualitative Research*, San Francisco: Jossey–Bass Publishers.

Clandinin, D. J., J. Huber, M. Huber, M. S. Murphy, A. M. Orr, M. Pearce and P. Steeves, 2006, *Composing Diverse*

Identities: Narrative Inquiries into the Interwoven Lives of Children and Teachers, London: Routledge.（田中昌弥訳，2011，『子どもと教師が紡ぐ多様なアイデンティティ――カナダの小学生が語るナラティヴの世界』明石書店.）

Clandinin, D. J., V. Caine, S. Lessard, and J. Huber, 2016, *Engaging in Narrative Inquiries with Children and Youth*, London: Routledge.

Crossley, M. L., 2000, *Introducing Narrative Psychology: Self, Trauma, and the Construction of Meaning*, Buckingham: Open University.（角山富雄・田中勝博監訳，2009，『ナラティブ心理学セミナー――自己・トラウマ・意味の構築』金剛出版.）

Czarniawska, B., 2004, *Using Narrative Methods in Social Science Research*, London: Sage.

Davis, J. E., 2002, *Stories of Change: Narrative and Social Movements*, New York: University of New York Press.

Ellis, C., 2004, *The Ethnographic I: A Methodological Novel about Autoethnography, Alternative Forms of Qualitative Writing*, Walnut Creek, CA: Alta Mira Press.

Elliot, J., 2005, *Using Narrative in Social Research: Qualitative and Quantitative Approaches*, London: Sage.

Emerson. R. M., R. I. Fretz and L. L. Shaw, 1995, *Writing Ethnographic Fieldnotes*, Chicago: University of Chicago Press.（佐藤郁哉・好井裕明・山田富秋訳，1998，『方法としてのフィールドノート――現地取材から物語作成まで』新曜社.）

藤原逸樹，2009，「描画活動における子どもの発話の聞き取りに関する一考察」『美術教育学』30: 345–356.

Flexner, A., 1915, Is Social Work a Profession? Virginia Commonwealth University Libraries（2021年10月10日取得，https://socialwelfare.library.vcu.edu/social-work/is-social-work-a-profession-1915/）.

Flick, U., 2007, *Qualitative Sozialforschung: An Introduction to Qualitative Research*, Rowohlt.（小田博志監訳，2011，『質的研究入門――人間の科学のための方法論 新版』春秋社.）

Flick, U., 2007, *Managing Quality in Qualitative Research*, Sage.（上淵寿，2017，『質的研究の「質」管理――SAGE質的研究キット 8』新曜社.）

Frank, A. W., 1995, *The Wounded Storyteller*, Chicago: University of Chicago Press.（鈴木智之訳，2002，『傷ついた物語の語り手――身体・病い・倫理』ゆみる出版.）

Frank, A. W., 2010, *Letting Stories Breathe: A Socio Narratology*, Chicago: University of Chicago Press.

Franzosi, R., 1989, "From Words to Numbers: A Generalized Linguistics–Based Coding Procedure for Collecting Textual Data," *Sociological Methodology*, 19: 263–298.

Franzosi, R., 2010, *Quantitative Narrative Analysis*, California: Sage.

Franzosi, R., 2012, "On Quantitative Narrative Analysis," J. A. Holstein and J. F. Gubrium eds., *Varieties of Narrative Analysis*, California: Sage, 75–96.

福島大学附属幼稚園・大宮勇雄・白石昌子・原野明子，2011，『子どもの心が見えてきた――学びの物語で保育は変わる』ひとなる書房.

船津衛，2012，『社会的自我論の現代的展開』東信堂.

Gee, J. P, 1991, "A Linguistic Approach to Narrative," *Journal of Narrative and Life History*, 1(1): 15–39.

Gergen, K. J., 1994, *Realities and Relationships: Soundings in Social Construction*, Harvard University Press.（永田素彦・深尾誠訳，2004，『社会構成主義の理論と実践――関係性が現実をつくる』ナカニシヤ出版.）

Gergen, K. J., and M. Gergen, 1983, "Narratives of the Self," T. R. Sarbin and K. E. Scheibe eds., *Studies in Social Identity*, New York: Praeger, 254–273.

Gergen, K. J., and M. Gergen, 2004, *Social Construction: Entering the Dialogue*, Ohio: Taos Institute Publications.（伊藤守監訳，2018，『現実はいつも対話から産まれる――社会構成主義入門』ディスカヴァー・トゥエンティワン.）

Giddens, A., 1991, *Modernity and Self–identity: Self and Society in the Late Modern Age*, Polity Press.（秋吉美都・安藤太郎・筒井淳也訳，2005，『モダニティと自己アイデンティティ――後期近代における自己と社会』ハーベスト社.）

Goffman, E., 1956, *The Presentation of Self in Everyday Life*, Edinburgh: University of Edinburgh.（石黒毅訳，1974，『行為と演技――日常生活における自己呈示』誠信書房.）

Griffin, L. J., 1993, "Narrative, Event–Structure Analysis, and Causal Interpretation in Histrical Sociology," *American Journal of Sociology*, 98(5): 1094–1133.

Gubrium, J. F., and J. A. Holstein, 2008, "Narrative Ethnography," S. Hesse–Biber and P. Leavy eds., *Handbook of*

Emergent Methods, New York: Guilford, 241–264.

Gubrium, J. F., and J. A. Holstein, 2009, *Analyzing Narrative Reality*, California: Sage.

Hakkarainen, P., 2008, "The Challenges and Possibilities of a Narrative Learning Approach in the Finnish Early Childhood Education System," *International Journal of Educational Research*, 47: 292–300.

浜谷直人，1988，「生活画概念の検討──幼児の絵画共同製作場面の相互交渉の分析」『東京大学教育学部紀要』27: 307–315.

浜谷直人，2019，『困難を抱えた子どもの保育臨床とファンタジー』新読書社.

Hammersley, M., and P. Atkinson, 2007, *Ethnography: Principles in Practice, 3rd ed.*, New York: Routledge.

橋本陽介，2014，『ナラトロジー入門──プロップからジュネットまでの物語論』水声社.

林悠子，2015，「保護者と保育者の記述内容の変容過程にみる連絡帳の意義」『保育学研究』53(1): 78–90.

Heise, D. R., 1989, "Modeling Event Structures," *Journal of Mathematical Sociology*, 14(2.3): 139–169.

東村知子，2005，「通園施設における障害をもつ子どもとその親に対する支援──「物語」を媒介とする新しい支援の試み」『実験社会心理学研究』44(2): 122–144.

保育所等における保育の質の確保・向上に関する検討会，2018，「中間的な論点整理」厚生労働省 (2021年10月10日取得，https://www.mhlw.go.jp/content/000516810.pdf).

保育所等における保育の質の確保・向上に関する検討会，2020，「議論のとりまとめ──『中間的な論点整理』における総論的事項に関する考察を中心に」厚生労働省 (2021年10月10日取得，https://www.mhlw.go.jp/content/000647604.pdf).

保育所等における保育の質の確保・向上に関する検討会総論的事項研究チーム，2020，「保育所等における保育の質に関する基本的な考え方等（総論的事項）に関する研究会報告書」厚生労働省 (2021年10月10日取得，https://www.mhlw.go.jp/content/11907000/000631478.pdf).

Holstein, J. A., and J. F. Gubrium, 1995, *The Active Interview*, London: Sage.（山田富秋・兼子一・倉石一郎・矢原隆行訳，2004，『アクティヴ・インタビュー──相互行為としての社会調査』せりか書房.）

Holstein, J. A., and J. F. Gubrium eds., 2012, *Varaieties of Narrative Analysis*, California: Sage.

本田由紀，2005，『多元化する「能力」と日本社会──ハイパー・メリトクラシー化のなかで』NTT出版.

堀川三好・岡本東・菅原光政，2009，「幼稚園を対象としたおたより配信システムの構築とその効果」『情報文化学会誌』16(1): 79–85.

兵庫保育問題研究会・田川浩三，2004，『ごっこ・劇遊び・劇づくりの楽しさ』かもがわ出版.

石村善助，1969，『現代のプロフェッション』至誠堂.

板井理，1996，『子どもの絵はお話いっぱい』フォーラムA.

伊藤智樹，2005，「ためらいの声──セルフヘルプ・グループ『言友会』へのナラティヴ・アプローチ」『ソシオロジ』50(2): 3–18.

伊藤智樹，2009，『セルフヘルプグループの自己物語論──アルコホリズムと死別体験を例に』ハーベスト社.

伊藤智樹，2010，「英雄になりきれぬままに──パーキンソン病を生きる物語といまだそこにある苦しみについて」『社会学評論』61(1): 52–68.

伊藤智樹，2012，「病いの物語と身体──A・W・フランク『コミュニカティヴな身体』を導きにして」『ソシオロジ』56(3): 121–136.

伊藤智樹編著，2013，『ピア・サポートの社会学──ALS、認知症介護、依存症、自死遺児、犯罪被害者の物語を聴く』晃洋書房.

伊藤智樹，2021，『開かれた身体との対話──ALSと自己物語の社会学』晃洋書房.

伊藤優，2017，「乳児に対する保育士と保護者の連絡帳を用いた連携の様相──『食事の連絡帳』のやりとりの分析から」『保育学研究』55(3), 285–297.

Jakobson, R., 1960, "Closing Statements: Linguistics and Poetics," T. A. Sebeok eds., *Style in Language*, New York（川本茂雄監訳，1973，「言語学と詩学」『一般言語学』みすず書房.）

紙野雪香・野村直樹編，2016，『N：ナラティヴとケア──看護実践におけるナラティヴ』遠見書房.

門林道子，2011，『生きる力の源に──がん闘病記の社会学』青海社.

加藤繁美，2015，『記録を書く人・書けない人──楽しく書けて保育が変わるシナリオ型記録』ひとなる書房.

菊池裕生，1998，「真如苑『青年部弁論大会』にみる自己の構成と変容──新宗教研究への自己物語論的ア

プローチの試み」『宗教と社会』4: 107–128.

古賀松香，2019,「保育者の身体的・状況的専門性と保育実践の質」『発達』40(158): 26–31.

国立教育政策研究所，2016,『資質・能力——理論編』東洋館出版社.

厚生労働省，2008a,『保育所保育指針——平成20年告示』フレーベル館.

厚生労働省，2008b,『保育所保育指針解説書』フレーベル館.

厚生労働省，2017,『保育所保育指針——平成29年告示』フレーベル館.

厚生労働省，2018,『保育所保育指針解説』フレーベル館.

厚生労働省，2019,「子ども中心に保育実践を考える——保育所保育指針に基づく保育の質向上に向けた実践事例集」(2021年10月10日取得，https://www.mhlw.go.jp/content/000521634.pdf).

厚生労働省，2020,「保育所における自己評価ガイドライン（2020年改訂版）」厚生労働省(2021年10月10日取得，https://www.mhlw.go.jp/content/11907000/000631124.pdf).

香曽我部琢，2011,「保育者の専門性を捉えるパラダイムシフトがもたらした問題」『東北大学大学院教育学研究科研究年報』59(2): 53–68.

倉石一郎，2000,「教育実践記録における支配的語りの達成機序——在日朝鮮人教育の実践記録のテキスト分析」『ソシオロジ』45(1): 73–92.

小林紀子編著，2008,『私と私たちの物語を生きる子ども』フレーベル館.

高向山・若尾良徳，2015,「保育所と家庭を結ぶ連絡帳——対人コミュニケーション機能に注目して」『常葉大学健康プロデュース学部雑誌』9(1): 93–98.

小山虎編著，2018,『信頼を考える——リヴァイアサンから人工知能まで』勁草書房.

串田秀也，2009,「聴き手による語りの進行促進——継続支持・継続催促・継続試行」『認知科学』16(1): 12–23.

Labov, W., 1972, *Language in the Inner City: Studies in the Black English Vernacular*, Philadelphia: University of Pennsylvania Press.

Labov, W., 1982, "Speech Actions and Reactions in Personal Narrative," D. Tannen ed., *Analyzing Discouse: Text and Talk*, Washington, D.C.: Gerogetown University Press, 219–248.

Labov, W., and J. Waletzky, 1967, "Narrative Analysis: Oral Versions of Personal Experience," J. Helm ed., *Essays on the Verbal and Visual Arts*, University of Washington Press, 12–44. Reprinted in: 1997, *Journal of Narrative and Life History*, 7(1–4): 3–38.

Lerner, G. H., 1992, "Assisted Storytelling: Deploying Shared Knowledge as a Practical Matter," *Qualitative Sociology*, 15(3): 247–271.

Lieblich, A., R. Tuval–Mashiach, and T. Zilber, 1998, *Narrative Re–serch: Reading, Analysis, and Interpretation*, London: Sage.

Lofland, J., and L. H. Lofland, 1995, *Analyzing Social Settings: A Guide to Qualitative Observation and Analysis, 3rd ed.*, Wadsworth Publishing Company. (進藤雄三・宝月誠訳，1997,『社会状況の分析——質的観察と分析の方法』恒星社厚生閣.)

Loseke, D. R., 2001, "Lived Realities and Formula Stories of 'Battered Woman,'" J. F. Gubrium and J. A. Holstein eds., *Institutional Selves: Troubled Identities in a Postmodern World*, New York: Oxford University Press, 107–126.

Lyotard, J. F., 1979, *La Condition Postmoderne*, Paris: Minuit. (小林康夫訳，1986,『ポスト・モダンの条件——知・社会・言語ゲーム』水声社.)

Maines, D. R., 2001, *The Faultline of Consciousness: A View of Interactionism in Sociology*, New York: Aldine de Gruyter.

牧野由香里編著，2013,『対話による学びへと続く道——学校改革「学びの共同体」づくりのナラティヴ・エスノグラフィー』ひつじ書房.

Mandelbaum, J., 2003, "How to 'Do Things' with Narrative: A Communication Perspective on Narrative Skill," J. O. Greene and B. Burleson eds., *Handbook of Communication and Social Interaction Skills*, New Jersey: Lawrence Erlbaum Associates, 595–633.

丸目満弓，2018,「乳児保育における保護者支援研究（1）——連絡帳の記述文字数及び保育士——保護者間の応答率の分析」『大阪総合保育大学紀要』12: 73–84.

Maruna, S., 2001, *Making Good: How Ex-Convicts Reform and Rebuild Their Lives*, American Psychological Association. (津富宏・河野荘子監訳，2013,『犯罪からの離脱と「人生のやり直し」——元犯罪者のナ

ラティヴから学ぶ』明石書店.）

松尾知明, 2016, 「知識社会とコンピテンシー概念を考える――OECD国際教育指標（INES）事業における理論的展開を中心に――」『教育学研究』83(2): 154–166.

松繁卓哉, 2010, 『「患者中心の医療」という言説――患者の「知」の社会学』立教大学出版会.

松下佳代, 2010, 『〈新しい能力〉は教育を変えるか――学力・リテラシー・コンピテンシー』ミネルヴァ書房.

McLuhan M., 1964, *Understanding Media: The Extensions of Man*, New American Library.（栗原裕・河本仲聖訳, 1987, 『メディア論――人間の拡張の諸相』みすず書房.）

McNamee, S., and K. J. Gergen eds., 1992, *Therapy as Social Construction*, Sage.（野口裕二・野村直樹訳, 1997, 『ナラティヴ・セラピー――社会構成主義の実践』金剛出版.）

Michaels, S., 1981, "Sharing Time: Children's Narrative Styles and Differential Access to Literacy," *Language and Society*, 10: 423–442.

Minami, M., 2002, *Culture-specific Language Styles: The Development of Oral Narrative and Literacy*, Buffalo: Multilingual Matters.

南雅彦, 2006, 「語用の発達――ナラティヴ・ディスコース・スキルの習得過程」『心理学評論』49(1): 114–135.

南元子, 2014, 『近代日本の幼児教育における劇活動の意義と変遷』あるむ.

宮坂道夫, 2020, 『対話と承認のケア――ナラティヴが生み出す世界』医学書院.

文部科学省, 2017, 『幼稚園教育要領』フレーベル館.

森岡正芳編, 2015, 『臨床ナラティヴアプローチ』ミネルヴァ書房.

Moss, P, 2019, *Alternative Narratives in Early Childhood: An Introduction for Students and Practitioners*, Routledge.

モス, P., 淀川裕美抄訳, 2020, 「新しい保育の物語――保育の質、倫理と政治、リアル・ユートピア」『発達』162: 8–14.

中村英代, 2011, 『摂食障害の語り――「回復」の臨床社会学』新曜社.

仲野由佳理, 2018, 「物語装置としての更生保護施設――困難を契機とした〈変容の物語〉の再構成」『犯罪社会学研究』43: 72–86.

新見俊昌, 2010, 『子どもの発達と描く活動――保育・障がい児教育の現場へのメッセージ』かもがわ出版.

西川由紀子, 1995, 「幼児の物語産出における『語り』の様式」『発達心理学研究』6(2): 124–133.

二宮祐子, 2010, 「教育実践へのナラティヴ・アプローチ――クランディニンらの『ナラティヴ探究』を手がかりとして」『学校教育学研究論集』22: 37–52.

二宮祐子, 2018a, 『子育て支援――15のストーリーで学ぶワークブック』萌文書林.

二宮祐子, 2018b, 「『演じること』『観てもらうこと』を支える保育者の専門性」中坪史典編著『テーマでみる保育実践の中にある保育者の専門性へのアプローチ』ミネルヴァ書房.

二宮祐子, 2022, 「コロナ禍がもたらす保育のICT化へのインパクト」『発達』169: 66-71.

二宮祐子・富山大士, 2019, 「保育園におけるICTを活用した幼児教育と子育て支援――デジタル・ストーリーテリングとしての言語活動」チャイルド・リサーチ・ネット (2021年10月10日取得, https://www.blog.crn.or.jp/report/02/268.html).

二宮祐子・富山大士, 2020, 「保育現場における園務支援システム導入の抑制要因と促進要因」『子ども社会研究』26: 5–23.

西岡裕美, 2014, 『教育に生かすデジタルストーリーテリング』東京図書出版.

野辺陽子, 2020, 「特別養子縁組から見えてきた『多様な親子』と支援の課題」『福祉社会学研究』17: 51-66.

野家啓一, 2003, 「物語り行為による世界製作」『思想』952: 59–62.（再録: 2005, 『物語の哲学』岩波書店.）

野家啓一, 2005, 「経験を解釈する力――実証主義の興亡」盛山和夫・土場学・野宮大志郎・織田輝哉（編著）〈社会〉への知/現代社会学の理論と方法 下』勁草書房.

野口裕二, 1996, 『アルコホリズムの社会学――アディクションと近代』日本評論社.

野口裕二, 2002, 『物語としてのケア』医学書院.

野口裕二, 2005, 『ナラティヴの臨床社会学』勁草書房.

野口裕二, 2006, 「ナラティヴと描画」『臨床描画研究』21: 5–12.

野口裕二編, 2009, 『ナラティヴ・アプローチ』勁草書房.

野口裕二，2018，『ナラティヴと共同性——自助グループ・当事者研究・オープンダイアローグ』青土社．

野島那津子，2018，「「探求の語り」再考」『社会学評論』69(1): 88-106.

OECD, 2006, *Starting Strong II: Early Childhood Education and Care*, OECD Publishing.（星三和子・首藤美香子・大和洋子・一見真理子訳，2011，『OECD保育白書——人生の始まりこそ力強く：乳幼児期の教育とケア（ECEC）の国際比較』明石書店．）

OECD, 2015, *Starting Strong IV: Monitoring Quality in Early Childhood Education and Care*, OECD Publishing.

小川明子，2016，『デジタル・ストーリーテリング——声なき想いに物語を』リベルタ出版．

荻野亮吾，2011，「生涯学習へのナラティヴ・アプローチ」立田慶裕他『生涯学習の理論——新たなパースペクティブ』福村出版．

奥山順子，2011，「学級通信からみる昭和39年版幼稚園教育要領時代の保育の実際——幼稚園と家庭とのかかわりを視点として」『秋田大学教育文化学部教育実践研究紀要』33: 91–102.

Ong, W. J., 1982, *Orality and Literacy: The Technologizing of the World*, Methuen & Co. Ltd.（桜井直文・林正寛・糟谷啓介訳，1991，『声の文化と文字の文化』藤原書店．）

大豆生田啓友監修，2008，『つたえる&つたわる園だより・クラスだより——保護者とのコミュニケーションの新手法』赤ちゃんとママ社．

大豆生田啓友，2019，「わが国における保育の質の確保・向上の方向性を考える」『発達』158: 52–57.

大宮勇雄，2010，『学びの物語の保育実践』ひとなる書房．

大阪保育問題研究会美術部会・大阪保育研究所編，2014，『絵は子どものメッセージ——聴く楽しさ，響き合うよろこび』かもがわ出版．

小山聡子，2014，『援助論教育と物語——対人援助の「仕方」から「され方」へ』生活書院．

Paley, V. G., 1981, *Wally's Stories: Conversations in the Kindergarten*, Cambridge: Harvard University Press.（卜部千恵子訳，1994，『ウォーリーの物語——幼稚園の会話』世織書房．）

Parsons, T., 1951, *The Social Systems*, The Free Press.（佐藤勉訳，1974，『社会体系論』青木書店．）

Patterson, W., 2008, "Narrative of Events: Labovian Narrative Analysis and Limitations," M. Andrews, C. Squire, and M. Tamboukou eds., *Doing Narrative Research*, London: Sage, 22–40.

Peterson. C., and A. McCabe, 1983, *Developmental Psycholinguistics: Three Ways of Looking at a Child's Narrative*, New York: Plenum.

Plummer, K., 1983, *Documents of Life*, London: George Allen & Unwin.（原田勝弘・川合隆男・下田平裕身訳，1991，『生活記録の社会学——方法としての生活史研究案内』光生館．）

Plummer, K., 1995, *Telling Sexual Stories: Power, Change and Social Worlds*, London: Routledge.（桜井厚・好井裕明・小林多寿子訳，1998，『セクシュアル・ストーリーの時代——語りのポリティクス』新曜社．）

Plummer, K., 2001, *Documents of Life 2: An Invitation to A Critical Humanism*, London: Sage.

Plummer, K., 2019, *Narrative Power: The Struggle for Human Value*, Cambridge: Polity Press.

Polletta, F., 2006, *It was Like a Fever: Storytelling in Protest and Politics*, Chicago: University of Chicago Press.

Prince, G., 1982, *Narratology: The Form and Functioning of Narrative*, Berlin: Walter de Gruyter & Co.（遠藤健一訳，1996，『物語論の位相——物語の形式と機能』松柏社．）

Prince, G., 1987, *A Dictionary of Narratology*, University of Nebraska Press.（遠藤健一訳，1997，『物語論辞典』松柏社．）

Punch, K. F., 1998, *Introduction to Social Research: Quantitative and Qualitative Approaches*, London: Sage（川合隆男監訳，2005，『社会調査入門——量的調査と質的調査の活用』慶應義塾大学出版会．）

Riessman, C. K., 1991, "Beyond Reductionism: Narrative Genres in Divorce Accounts," *Journal of Narrative and Life History*, 1(1): 41–68.

Riessman, C. K., 1993, *Narrative Analysis*, California: Sage.

Riessman, C. K., 2008, *Narrative Methods for the Human Sciences*, California: Sage.（大久保功子・宮坂道夫，2014，『人間科学のためのナラティヴ研究法』クオリティケア．）

Rossiter, M., and M. C. Clark eds., 2010, *Narrative Perspectives to an Adult Education*, John Wiley & Sons.（立田慶裕・岩崎久美子・金藤ふゆ子・佐藤智子・荻野亮吾訳，2012，『成人のナラティヴ学習——人生の可能性を開くアプローチ』福村出版．）

Rychen, D. S., and L. H. Salganik, 2003, *Key Competencies for a Successful Life and a Well-functioning Society*, Hogrefe & Huber Publishers.（立田慶裕監訳，2006，『キー・コンピテンシー——国際標準の学力をめざし

て』明石書店.）

Sacks, H., 1972, "On the Analyzability of Stories by Children," J. J. Gumperz, and D. Hymes eds., *Directions in Socio-linguistics: The Ethnography of Communication*. New York: Holt, Reinhart and Winston, 329–345.

桜井厚, 2012,『ライフストーリー論』弘文堂.

Schön, D. A., 1983, *The Reflective Practitioner: How Professionals Think in Action*, New York: Basic Books.（柳沢昌一・三輪建二監訳, 2007,『省察的実践とは何か――プロフェッショナルの行為と思考』鳳書房.）

Schleicher A., 2019, *Helping Our Youngest to Learn and Grow: Policies for Early Learning*, OECD.（一見真理子・星三和子訳, 2020,『デジタル時代に向けた幼児教育・保育――人生初期の学びと育ちを支援する』明石書店.）

Seikkula, J., and T. Arnkil, 2006, *Dialogical Meetings in Social Networks*, Lomdon: Karnac Books Ltd.（高木俊介・岡田愛訳, 2016,『オープンダイアローグ』日本評論社.）

瀬戸知也, 2001,「『不登校』ナラティヴのゆくえ」『教育社会学研究』68: 45–64.

Shaw, C. R., 1930, *The Jack-Roller: A Delinquent Boy's Own Story*, University of Chicago Press.（玉井眞理子・池田寛訳, 1998,『ジャック・ローラー――ある非行少年自身の物語』東洋館出版社.）

柴崎正行・会森恵美, 2016,「保育所における保護者支援についての検討――『クラスだより』の分析を通して」『大妻女子大学家政系研究紀要』52: 157–162.

下尾直子, 2013,「障害のある子の親との信頼関係を構築する保育者の「伝え方」――連絡帳のICF分析を通して」『洗足論叢』42: 141–154.

汐見稔幸, 2019,「トップダウンではない、保育の質向上への議論の喚起のために」『発達』158: 2–7.

Siraj, I., D. Kingston and E. Melhuish, 2015, *Assessing Quality in Early Childhood Education and Care: Sustained Shared Thinking and Emotional Well-being (SSTEW) Scale for 2–5 Year-olds Provision*, London: IOE Press.（秋田喜代美・淀川裕美訳, 2016,『「保育プロセスの質」評価スケール――乳幼児期の「ともに考え、深めつづけること」と「情緒的な安定・安心」を捉えるために』明石書店.）

水津嘉克・伊藤智樹・佐藤恵, 2020,『支援と物語（ナラティヴ）の社会学――非行からの離脱、精神疾患、小児科医、高次脳機能障害、自死遺族の体験の語りをめぐって』生活書院.

Spencer, L. M., and S. M. Spencer, 1993, *Competence at Work: Models for Superior Performance*, New York: John Willey & Sons, Inc.（梅津祐良・成田攻・横山哲夫訳, 2011,『コンピテンシー・マネジメントの展開〔完訳版〕』生産性出版.）

Stivers, T., 2008, "Stance, Alignment, and Affiliation during Storytelling: When Nodding is a Token of Affiliation," *Research on Language and Social Interaction*, 41(1): 31–57.

杉原倫美, 2007,「望見商生の進路の物語」酒井朗編著『進学支援の教育臨床社会学――商業高校におけるアクションリサーチ』勁草書房, 43–77.

園部博範・秋月穂高, 2020,『子どもに寄り添うライフストーリーワーク――社会的養護の現場から』北大路書房.

諸外国における保育の質の捉え方・示し方に関する研究会, 2019,「保育の質に関する基本的な考え方や具体的な捉え方・示し方に関する調査研究事業報告書」厚生労働省（2021年10月10日取得, https://www.mhlw.go.jp/content/11907000/000533050.pdf）.

Tannen, D., 1982, "Oral and Literate Strategies in Spoken and Written Narratives," *Language*, 58(1): 1–21.

田川浩三・兵庫保育問題研究会, 2010,『劇づくりで育つ子どもたち』かもがわ出版.

髙橋光幸・小黒美月, 2011,『「クラスだより」で響き合う保育――子どもと親と保育者でつながるしあわせ』ひとなる書房.

田中未来編著, 1980,『保育と専門性』全国社会福祉協議会.

田中亨胤・三宅茂夫, 2001,「園だよりにみられる教育メッセージ分析」『学校教育学研究』13: 99–107.

Tedlock, B., 2018, "Braiding Narrative Ethnography with Memoir and Creative Nonfiction," N. K. Denzin and Y. S. Lincoln eds., *The SAGE Handbook of Qualitative Research 5th ed.*, London: Sage, 854–866.

Thomas, W. I., and F. Znaniecki, [1918–1920] 1958, *The Polish Peasant in Europe and America*, Dover.（桜井厚訳, 1983,『生活史の社会学――ヨーロッパとアメリカにおけるポーランド農民』御茶の水書房.）

富谷玲子・内海由美子・仁科浩美, 2011,「子育て場面で外国人保護者が直面する書き言葉の課題――保育園・幼稚園児の保護者を対象とした調査から」『神奈川大学言語研究』34: 53–71.

Tsai, M., 2007, "Understanding Young Children's Personal Narratives," J. D. Clandinin ed., *Handbook of Narrative*

Inquiry: Mapping a Methodology, California: Sage, 461–488.

利根川彰博，2016，「協同的な活動としての『劇づくり』における対話——幼稚園5歳児クラスの劇『エルマーのぼうけん』の事例的検討」『保育学研究』54(2): 49–60.

内田伸子，1996，『子どものディスコースの発達』風間書房.

浦野茂，1998，「『口承の伝統』の分析可能性——物語の相互行為分析」『社会学評論』49(1): 60–76.

内海由美子・澤恩嬉・角南北斗，2017，「外国出身保護者支援サイト『連絡帳を書こう！』の運用と改善について」『日本語教育方法研究会誌』23(2): 74–75.

和田仁孝・中西淑美，2011，『医療メディエーション——コンフリクト・マネジメントへのナラティヴ・アプローチ』シーニュ.

若山育代，2008，「幼児の見立て描画における言葉かけ研究の意義と展望」『広島大学大学院教育学研究科紀要』57: 59–67.

渡辺桜，2005，「家庭と園の相互支援につながる保育通信のあり方についての一考察」『愛知教育大学幼児教育研究』12: 47–55.

White, M., and D. Epston, 1990, *Narrative Means to Therapeutic Ends*, New York: W. W. Norton.（小森康永訳，1992，『物語としての家族』金剛出版.）

Winslade, J. M., and M. Williams, 2012, Safe and Peaceful Schools: Addressing Conflict and Eliminating Violence, California: Corwin.（綾城初穂訳，2016，『いじめ・暴力に向き合う学校づくり—— 対立を修復し，学びに変えるナラティブ・アプローチ』新曜社.）

山下慶子，2005，『誇り高き3歳』一粒の麦社.

山内智之・杉下明隆・水野正明，2017，「電子連絡帳の運用の概要とその可能性を説く——経済的評価も含めて」『月刊新医療』44(12): 88–91.

山﨑由紀子，2014，『幼稚園・保育園で楽しむ 身ぶり表現・ごっこあそび・劇づくり』フォーラムA.

吉田貴子，2018，「外国籍の保護者と幼児を支える保育者の専門性」中坪史典編著『テーマでみる保育実践の中にある保育者の専門性へのアプローチ』ミネルヴァ書房.

全国保育士会保育の言語化等検討特別委員会，2016，「養護と教育が一体となった保育の言語化——保育に対する理解の促進と，さらなる保育の質向上に向けて」全国保育士会（2021年10月10日取得，https://www.z-hoikushikai.com/about/siryobox/book/gengoka.pdf）.

Znaniecki, F., 1934, *The Method of Sociology*, Rinehart.（下田直春訳，1971，『社会学の方法』新泉社.）

Пропп, В., 1928, Морфология сказки, Вопросы поэтики вып. Reprinted in: Пропп, В.Я., 1969, Морфология сказки, Москва.（ウラジミール・プロップ著，大木伸一訳，1972，『民話の形態学』白馬書房.）

人名索引

🌸 事項索引 🌸

❀ 初出一覧 ❀

序　章　保育者の専門性の可視化に向けて
書き下ろし

第1章　方法論的背景
二宮祐子, 2014,『ナラティヴ・アプローチの方法論に関する実証的研究──保育実践を対象として』(東京学芸大学学位論文）の序章
二宮祐子, 2017,「保育・子育て支援の実践現場におけるナラティヴと研究視角」『保育学研究』55(3): 368-372.

第2章　対話的ナラティヴ分析──連絡帳研究
二宮祐子, 2010,「保育者−保護者間のコミュニケーションと信頼──保育園の連絡帳へのナラティヴ分析」『福祉社会学研究』7, 140-161.

第3章　多声的ナラティヴ分析──クラスだより研究
二宮祐子, 2017,「クラスだよりに埋め込まれた語りのストラテジー──保育所4歳児クラスにおける保護者支援へのナラティヴ・アプローチ」『子ども家庭福祉学』17, 76-88.

第4章　パフォーマンス的ナラティヴ分析──生活画研究
二宮祐子, 2014,「〈聴く〉ためのナラティヴ・ストラテジーの研究──保育園におけるナラティヴを媒介とした線描活動の分析」『ソシオロジ』59(2), 57-74.

第5章　ナラティヴ・エスノグラフィー──創作劇研究
二宮祐子, 2015,「保育園における物語劇創作活動のナラティヴ・エスノグラフィー ──多様性と主体的な活動を支えるための援助プロセス」『子ども社会研究』21, 123-135.

終　章　ナラティヴ・アプローチで見えてきたもの
書き下ろし

著者紹介

二宮祐子　NINOMIYA Yuko

和洋女子大学家政学部准教授。広島県広島市出身。広島大学学校教育学部卒業、広島大学教育学研究科博士課程前期修了。川崎市職員として障害児施設・保育園・児童発達支援センターにて11年間勤務ののち退職（保育士、社会福祉士）。2008年に放送大学大学院修士課程を修了後、2014年に東京学芸大学大学院連合学校教育学研究科博士課程を修了（教育学博士）。2012年より東京家政大学非常勤講師、2015年より埼玉東萌短期大学専任講師、2018年より東京女子体育大学・東京女子体育短期大学准教授を経て、2020年より現職。研究のかたわら、保育士養成と社会福祉士養成に携わっている。主要著作に『子育て支援——15のストーリーで学ぶワークブック』（単著、萌文書林、2018年）、『保育者のためのパソコン講座——Windows10/8.1/7 Office2010/2013/2016対応版』（共著、萌文書林、2018年）、『テーマでみる 保育実践の中にある保育者の専門性へのアプローチ』（分担執筆、中坪史典編著、ミネルヴァ書房、2017年）、「医療的ケアを必要とする子どもへの保育実践の機能——認可保育所でのフィールドワークによる探索的研究」『子ども家庭福祉学』21: 11-22（単著、2021年）など。

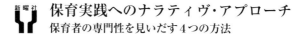

保育実践へのナラティヴ・アプローチ
保育者の専門性を見いだす4つの方法

初版第1刷発行　2022年6月30日

著　者　二宮祐子
発行者　塩浦　暲
発行所　株式会社　新曜社
　　　　101-0051　東京都千代田区神田神保町3-9
　　　　電話 (03) 3264-4973（代）・FAX (03) 3239-2958
　　　　e-mail : info@shin-yo-sha.co.jp
　　　　URL : https://www.shin-yo-sha.co.jp

組版所　Katzen House
印　刷　星野精版印刷
製　本　積信堂